God of business

# 営業の神さま

営業が進化する9つの問いかけ

中村《なかむら》信仁《しんじ》

HS

# はじめに

世の中には、私たちの力の及ばないところでなにかが動いていると感じたのは、二〇〇一年九月のことでした。

当時、私は北海道で最大手といわれる留学センターを経営していました。

一生懸命真面目に働いていれば、きっと善いことが訪れる、そう信じ、起業して十四期目を迎えた年、アメリカで同時多発テロが発生したのです。

それにより、今まで蓄えてきた資産を一度に失い、それと同時にその金額以上の借金まで背負うことになりました。翌年のサーズという謎の肺炎は、その借金に拍車をかける始末です。

経営努力を問われました。しかし、世界規模の有事に立ち向えるほどの力は持てませんでした。

それからはすべてにおいて負の連鎖の中に迷い込み、抜け出せないまま苦難の連続に翻弄される毎日となったのです。

それを救ってくれたのが仲間とお客さまでした。

あれから十年が過ぎました。

やっとひとつの光がみえました。

そして分かったことは、すべての出来事には意味があったということです。善いことも悪いことも、すべて必然の出来事で、その経験を得ることで今のステージが創られたのだということでした。

今は、私に訪れたすべての事象、環境、経験に心から感謝します。これらがあったからこそ今の自分があることに。

その経験をひとつのストーリーとして、皆様にお伝えでき、なにかのお役に立てたのなら幸いです。

このストーリーはフィクションですが、展開の内容はノンフィクションでもあります。

希望を失ってはいけない。希望は勇気となり、勇気は力になります。

この本を読んで下さったすべての方に希望を届けられますことを……。

目次

# 一　プロローグ――天使の羽根

海の見えるベンチに腰を下ろし、沈みゆく夕陽を見つめていた。

いつの間にか、眩しかったはずの陽射しは力を緩め、海面から跳ね返る光にオレンジの色が増えていた。

早田は何時間もここに座っていた。

考えても、考えても、答えの出てこない中で、ベンチに座り海を見つめていた。

時折吹きつけてくる風だけがやけに心地よかった。

どこで歯車が狂ったのか……。もしやり直すことが一度だけ許されるなら、いったいどこへ戻り、狂った歯車を組み直せばいいのか……。

できもしないことを真剣に考えていた。

真剣に考えなければならないほど、早田の心は追い詰められていた。

流れ落ちるほどではないが、何度も感情が高ぶっては鼻の奥を熱くし、目の前の風景を少しだけ霞《かす》ませる。

悲しさからくる感情の昂ぶりではなく、ただ心が惨めさに押しつぶされてしまいそうになることからのしめつけだった。

やることなすことすべてが上手くいかず、なにもかもが嫌になっていた。

働いても、働いても、結果には結びつかない。

いつの間にか早田の心は折れていた。

今までにも何度か折れ掛けることはあったが、その都度、ガムテープをグルグル捲きにするように誤魔化してきた。

しかし、もう無理だった。ガムテープの上にガムテープを捲いても、それは貼りつくことはなかった。

社内では後輩からも馬鹿にされる始末だ。挨拶をしても蔑んだ笑いが返ってくる。まだ続けるつもりかね……、と陰口さえ聞こえてくる。

上司からは「今月、来月の二ヶ月間の結果で進退を決めてもらう」とクビを予告されたも同然のことをいわれた。

初めから無理だったのだ。

もともと技術職で採用された会社だった。

コピー機のメンテナンスが仕事で、それを八年間続けてきた。

リーマンショック以降、不景気が世間を包み、会社は技術職の半数以上を営業に廻す人事を行った。それを断った者は数ヶ月間掛けて自主退社へと追い込まれていった。

妻と中学生の娘がいる早田は、会社の理不尽な要求に対して、そう簡単に辞めるわけにはいかず、歯を食いしばって頑張るしかなかった。

それに、丁度マンションを購入したばかりでもあり、住宅ローンも重くのしかかっていた。

会社から渡される既存顧客のリストを元に、リース期間が終了する前に新機種に組み替える提案をして歩いた。しかし、どのお客さまの所にも他社の営業が鋭く入り込んでいて、慣れない営業でボサボサしている間に他所《よそ》へ奪われてしまう始末だ。

月々のリース代金を値切られ、カウンター料金を値切られ、その都度上司にお伺いを立てるのだが、早田の提案はいつも優先順位が低いのか後回しにされる。やっと稟議が下りてお客さまのところへ向かうのだが、すでに他所と契約した後になるのだ。

「やる気があるのか。こんな良い条件でなぜ負けるんだ」

上司からの身勝手な叱責を浴びる度に、奥歯をかみ締め、耐え続けて二年が過ぎていた。

給料も技術職の頃とは変わっていた。

「営業に残業はない」と手当は削られ、低い基本給と歩合給で支給額が算出される。

成績の悪い早田は、この二年間、わずかばかりの基本給しか家へ入れることができなかった。

その金額は住宅ローンの支払いへと消えていく。

ある夜、ふと目を覚ますと居間に明かりがついていた。そっと様子を覗くと、通帳を見つめ溜息をついている妻……厚子の背中があった。

なんの為に働いているのか……。

生まれて初めて働くことに疑問を持った。

自分なりに頑張っているはずなのに、家族すら幸せにできない。毎日こんなに疲れているのに、一向に成果に結びつかない。

苦労するために自分の人生はあるのか……。まるで会社も敵なら、お客さまも無理難題をいう敵でしかない……。

そんな感情がすべてを支配した。

それでも、唯一の支えは、厚子が文句ひとついわず、毎日お弁当を作って笑顔で送り出してくれることだった。

「きっと今日は善いことがあるわよ」

今朝もそういって送り出してくれていた厚子が一人居間でため息をついている。

早田は、情けなさと、悔しさと、不甲斐なさとで涙がこみ上げてきた。

敵に囲まれているなら戦うしかない。

早田は、厚子の背中を盗み見てしまって以来、今まで以上に必死に働いた。

心身ともに疲れきった自分に鞭打って歩き続けた。

しかし敵の数が増えるばかりで、一向に味方は現われなかった。

ある夜家に帰ると、テーブルの上に自宅の競売予告通知が届いていた。

「ごめんなさい、もう貯金も無くなっちゃった」

厚子は、必死に笑顔を作って早田に告げた。

削れるものは削り続けて家計をやり繰りしていた。

生命保険はとっくに解約し、厚子は新しい洋服も買わず、食べることと住宅ローンの支払いを最優先に頑張ってくれていた。

そんな中でも「営業職になったのなら、きちんとしたスーツを着なきゃね」といって、安物だが見栄えのいいスーツやネクタイを用意してくれていた。家計のことは任せっきりで、成果の上がらない営業に駆けずり回っている自分が情けなくなった。

自分の家の状態など考えもしなかった。

数ヵ月後、家は競売にかけられ立ち退き命令書が届いた。

敷金や引越し費用も捻出できないほど困窮する状態になっていた早田は、親類からわずかばかりのお金を融通してもらい、学生が暮らすようなアパートへ家族三人で引っ越した。

会社自体も業績は回復せず、早田の営業成績も伸びることはなく、すべてが悪循環の迷路にはまっている。

なぜ、もっと早くおもいきって転職しなかったのか……。後悔と自責の念が交錯する。

引っ越して間もなく、厚子はどこからかパートでの働き口をみつけ、家計を支えるため出かけるようになった。

そんな状態の暮らしは、家族の中にゆっくりと、そして静かに、確実に、笑顔を奪い去っていた。

まったく笑わないわけではないが、みんなの笑顔の奥に涙の跡が見え隠れしているのだ。

中学生の娘も無理をいわなくなった。時々、厚子に代わって食器を洗ったり洗濯をしたりするようになった。

豊かだといわれているこの時代に、いじらしく家の手伝いをする娘の背中が、早田の折れそうになる心を、わずかばかり奮い立たせ、今の暮らしを立て直すための力を生み出してくれた。

そんなある日、偶然飛び込んだ先で、なんとコピー機を五台も同時に導入したいとの申し出をもらった。

至急見積もりを出すように……と。

早田は涙が溢れそうになった。

会社の壁に貼ってある成績グラフや上司の顔など思い出しもしなかった。

ただ、ただ、厚子と娘の喜ぶ顔が早田のすべてを包み込んでいた。

商談は数日間の間に信じられないほど良好に進んだ。

重かった足腰に力がよみがえり、表情に明るさが戻りだしていた。

希望という二文字が、これほど人生にとって大切だということを初めて知った。

希望があるから元気が湧き、元気が沸くから勇気が生まれる。

いよいよ契約という日、早田は目覚ましのベルが鳴るよりも早く起き出し、準備万端出掛けて行った。

そして、お客さまの会社へ……。

入り口が見えてくる。

足取りも軽く、早田は歩みを進めた。

入り口前に数人の人だかりがあった。

活気に溢れる光景だ。

これが「営業」という仕事の醍醐味なんだ……、と誇らしく思う自分がいた。

冗談じゃないよ、誰かがそういっていた。
ふざけやがって、また誰かの声がする。
電話してみろ、年配の男性が誰かに怒鳴っている。
肩越しにドアを見た。
一枚の張り紙。
「会社更生法により……管財人の連絡先は……」
早田の心は音を立てて折れていった。

気がついたときにはこの場所に来ていた。
なんとなく電車に乗って、なんとなく知らない駅で降りて、なんとなく見つけた海の見えるベンチ。なんとなくそこに腰を下ろし、何時間もただこうしていた。

何かをずっと考えていた。いや、なにも考えていなかった……。

海を見つめていた。

思い出したかのように、時々厚子と娘の顔が浮かんでは消える。

でも、やはりもうなにも考えていなかった。なにも考えずただ海を見ていた。なにかを考える時期はとうに過ぎ去っていた。

あきらめたわけではない。心が折れたのでもない。自分の中にはまだ線香程度の小さな火種が残っている……、何時間か前まではそう信じていた。

携帯電話を取り出し厚子へメールを打った。しかし、送信ボタンを押す決心がまだつかない。


もうダメだ……。

もうムリだ……。

もうヤメよう……。

でも、なにをヤメるのだろう……。

生きること……？

ヤメてしまえば、きっと楽になれるはずだ……。
繰り返し、繰り返し、思考が交錯している。
夕陽が広がっていた。
海と空を赤く染める夕陽。
すべての風景を赤で包みこんでいた。
小高い丘の上にある公園。
芝生と小道があるだけの公園。
たったひとつのベンチ。
人の姿すらない小さな公園。
真っ赤に染まった空に白い羽根が舞っていた。
とても綺麗だった。
静かに、静かに、美しく空を漂っていた。
時折吹く風に流されながら、ゆらゆらと。
遠くをただよう白い羽根。
風に舞いこちらへ近づいてくる。

そして、ふっ、となんの前触れもなく早田の膝の上に落ちてきた。
天使が舞い降りてきたかのように。
膝に手を伸ばし羽根に触れてみる。
白い羽根……。
そう思って触れた。
触れてみると、それは羽根ではなかった。
名刺サイズの古ぼけた白い紙切れだった。
見るとはなしにその紙切れの文字を読んでいた。
突然涙がこぼれ出した。
次から次へと涙が込み上げてくる。
声なき声をあげて泣いた。
ひとしきり泣いた。

君を愛している人がいることを忘れないでいて欲しい。
君は一人じゃないことを忘れないでいて欲しい。

私はいつでも君を見守っている。
この先、多くの理不尽と出会うとも、
これまで多くの理不尽に翻弄されようとも
すべての出来事は必然なんだ。
これから訪れる奇跡のための必然……。
信じる勇気を捨てないでいれば
必ず希望がいつも君を支えてくれるはず。
生きるってことは、
善いことも、
悪いことも、
全部ひっくるめて人生なんだ。
これからの君の道標のために
このメルマガを読むといい。
きっとすべてが解決されるから。

　涙が流れる理由《わけ》は分からなかった。

ただ、今の自分を理解してくれているような文書に……、久しぶりの優しさに包まれたようで……。

それからどれくらいの時間《とき》が流れただろう……。

落ち着きを取り戻し、涙が乾き始めた頃、「いったいこのメモは？」と不思議に思った。

何処から飛んできたのだろう……。

そして、メモに書かれているアドレスに空メールを送ってみようと携帯電話を見た。さよならと件名に書いたメールが送信されずに残っている。

未送信のそのメールを削除した。

そして、どうしようか迷いながらも、メモにあるアドレスへ空メールを送っていた。

すぐに新着メールを告げる着信音が鳴った。

その音に驚くと同時に突風が早田を襲った。

手にしていたメモ紙が風に吹き飛ばされる。

慌てて立ち上がり、そのメモ紙を追い掛けたが、遥か彼方へそれは舞い上がっていってしまった。

早田は追い続けた。

紙切れは舞い上がり、それはやはり白い羽根のように、ゆらゆら、ゆらゆら、と空に揺れながら流れていく。

そしていつしか肉眼で見えないほど遠くまで舞い上がり消えていった。

根が生えたように座り続けていたベンチから、偶然とはいえ早田は立ち上がっていた。

しっかりと二本の足で立っていた。

水平線に夕陽が最後の光を放ち沈んでいく。

その美しさに早田は何十年ぶりかの感動をおぼえながら、左手に持つ携帯電話の新着メールをそっと開いた。

To: Yasushi Hayata

Subject : **あなたは選ばれた人です。**

こんにちは、早田さん。

営業は誰でもが就ける職業ではありません。

神さまに選ばれた者のみが就ける職業です。

今､あなたが営業職に就いているのは､間違いなく「選ばれた人」だからです。

ただ、今のあなたが選ばれたのではなく、この先に生きるあなたが選ばれたのです。

今後「明日」という見えない力があなたに味方します。

大切なことは明日を信じる勇気です。

まだ訪れてもいない明日を信じられる人こそ、世のため人のために役立てる人なのです。

善いことも悪いこともすべてひっくるめて人生なのですから…。

どん底だと思える経験ができる人は少なく、その経験をもてる人はとても大切な使命を担っています。

その使命があなたを選んだ以上、最後まで信じ抜くことです。信じる勇気こそ希望の火を灯すのです。

あなたは選ばれた人なのだから。

## 二　ありがとうパワー

夜遅くに自宅アパートへ戻った早田を厚子はいつも通りに迎えた。

「なにか善いことがあったのね」

顔を見るなり厚子は早田に告げた。

「えっ、どうして」

「憑き物が落ちたみたいにスッキリした顔をしているわ」

ニコッと微笑む厚子の顔をみて、今日一日の自分の行動が恥ずかしく、そして情けなくなっていた。

そうだ、自分はひとりなんかじゃない。

こんなにも身近なところに、いつも信じて待っていてくれる人が居るじゃないか……。鼻の奥がふっと熱くなる。

そして、今日一日の出来事を正直に話し謎のメールを見せた。

「とても不思議ね。でも良かった……」

不思議な出来事よりも馬鹿なことをしようとした早田に対し、厚子は怒りをみせながらも心からホッとしていた。

「ごめん、もう馬鹿なことは考えないから」

「信じていいのね」

「うん」

遅い夕食をとりながら、再びメールを読み返してみた。


**今、あなたが営業職に就いているのは、間違いなく「選ばれた人」だからです。**


「これってどういう意味なのかな」

「そうね……、きっと、誰かにあなたは、営業にピッタリだって思われたってことじゃない」

「誰に」

「分からない」

**ただ、今のあなたが選ばれたのではなく、**
**この先に生きるあなたが選ばれたのです。**
**今後「明日」という見えない力があなたに味方します。**

「もしかして、新手の宗教……かも」

「ばかね」

そういって厚子は笑った。

「どうしよう、変な処にメールしてしまって……。あとで高額の請求書が届いたりしたら……」

「詐欺でも宗教でもなんでもいいんじゃない。だって、そのお陰で、あなたは家へ帰る決心ができたんだから」

そうなのだ。もし、この偶然がなければ、今頃自分はどうなっていたのだろう。

一瞬、早田は暗い海に沈んでゆく自分の姿を思い浮かべた。

「そうだね、なんだって構わないや。今あるのはこのメールのお陰なんだ」

「そうよ、感謝しなきゃ。明日になったら、きっと善いことが待っているんだから」

翌朝、五時五十五分に携帯メールの呼び出し音に、早田はビックリして飛び起きた。

なにか緊急事態を知らせるメールかと思い、目覚めきらぬ頭を振りながらメールを読んだ。

To: Yasushi Hayata

Subject : **今日のひとこと。**

早田さん、おはようございます。

**営業は、お客様からいただく**

**「ありがとう」ということばが最高の報酬です。**

ありがとうということば以外なにがいるでしょうか。

何を望む必要がありますか。

ありがとうと言われる営業に挑戦してください。

すべてのお客様から。

それでは今日もポジポジでいきましょう！

なんだこのメールは。

こんな朝早くに誰の悪戯だろうと怒りがこみ上げた。

そして、削除しかけたが、なにかが引っかかりもう一度読み返してみた。


**お客さまからいただく「ありがとう」ということばが最高の報酬です。**


ありがとうなんて、お客さまから今までに一度もいわれたことは無かった。

迷惑そうな顔こそされ、感謝などされたことは無い。

布団に入り二度寝に入りかけたが、早田はメールの内容が気になって起き出していた。

「おはよう、早いわね」

二間しかない小さなアパートでは、少しの物音でもすぐに伝わる。厚子は既に起きて朝食の用意をしてくれていた。

そうか、いつもこうやって娘や自分より早く起きて、すべてをやってくれているんだ、と今さらながら早田は改めて気づかされた。

こうやって、人は助け合い、支え合い、生かされている……。

そういう考えを持つと、今まで当たり前だと思っていたことが、すべて勘違いなのだと思えてならない。

結婚して以来、自分でコーヒーなど煎れたことのない早田が、初めて自分でコーヒーを準備する姿に、厚子はニコッと微笑んでいた。

頑張っても、頑張っても、結果の出ない営業職に嫌気をさし、人生まで捨てようとしていた昨日までの情けない自分が、いつもより早く起きたせいか今朝は同じ自分とは思えないほど気力が漲っていることを実感していた。

コーヒーを飲みながらメールをもう一度読んだ。

そして考えてみた。

なぜ、自分はお客さまから「ありがとう」といわれないのか。

自分は悪いことをしているのか。

いけないモノを売っているのか。

どちらでもないのに迷惑がられるのはなぜなのか。

『ありがとうといわれる営業に挑戦してください』と書いてある。

どうやったら、ありがとう、といわれるのか……。

「どうしたの、難しい顔をして」

厚子が朝食をテーブルに揃えながら聞いてきた。

「あまりにも早起きだから、まだなにも用意できなくてごめんね……」

そこには、味噌汁と焼き魚、それに炊き立てのご飯が並べられていた。

慌てて準備したという厚子のことばとは裏腹に、きちんと用意されていた朝食を見て、思わず「ありがとう」と感謝のことばが飛び出していた。

「あら、初めてだわ、あなたにありがとうっていわれるの」

「えっ」

「ありがとう、っていってくれて、ありがとう」

「えっ、いや……」

ことばにならなかった。そして、なんだかとても幸せな気持ちに襲われた。

そうか、ありがとうって感謝の気持ちなんだ。

今まで、なんでも「当たり前」だと思っていたから「ありがとう」っていえなかったんだ。

当たり前だと思っていたことのすべては、誰かが誰かのために一生懸命になにかをしてくれているからに他ならない。

何の為にしてくれるのか……。

感謝されたくてしている訳じゃない。

喜んでもらいたいからなんだ。

喜んでもらえるって、こんな嬉しいことはないんだ。

お客さまにも喜んでもらえるように努力をすればいいんだ。

自分は、なんと今まで傲慢な生き方をしていたのだろう。

売ろう、売ろう、としていた。

売るのではなく、買っていただくんだ。

買っていただくには、なにかで喜んでもらえるよう頑張らなきゃ……。

早田は、今までの自分の頑張りが、まったく見当違いの頑張りだったことに気がついた。

水泳で金メダルを目指しているのに、毎日血豆をつくりながらバットを振っているような見当違いの努力……。

「そうか……」

たったひとつのこの気づきから、早田の行動が変わった。

営業の目的は「売ること」という考えを捨て、「喜んでもらう」ことに軸が変わった。

明確な営業活動へのビジョンが生まれた。

喜んでいただく、ありがとうといっていただくにはどう行動すべきか。

残されている二ヶ月間で、それを実現すべく早田の小さな挑戦が始まったのだ。


しかし元気に出社した早田の一日は、やはり上司の叱責からのスタートだった。

だが、今までとは叱られる自分の態度が違うことに早田自身が驚いていた。

人の顔を見たら怒鳴り散らす、この上司に「ありがとう」といっていただくにはどうしたらいいのか。

同僚から「ありがとう」といわれるには……。

先輩から……、後輩から……、そしてお客さまから……。

早田の頭の中は「ありがとう」で溢れていた。

上司の長い叱責が終わったとき、早田は思わず「ありがとうございます」と叫んでいた。

それには上司が驚いていた。

「いつも、自分のことを気にかけていただき、ありがとうございます」

もう一度、そういって深々と頭を下げていた。

そんな早田の姿を、営業部のみんながポカンと見ていた。

下げた頭を上げたとき、早田は得もいわれぬ感動に包まれていた。

そして、なぜか涙が溢れてきた。

なんだろう……、この不思議な爽快感は。

気持ちがいいぞ……。

今までは、朝から叱られ、仲間に無視され、ときには笑われて一日が始まっていた。

その途端、気持ちは沈み、やる気は失せ、頭の中も心の中にも、批判や言い訳、文句や愚痴が飛び廻ったものだ。

でも、今朝は違う。

まったく違う感情がすべてを支配している。

声に出して「ありがとう」といった瞬間から、上司への不満や怒りがスーッと消えた。

そして、背中に一本の定規を入れられたみたいに背筋が伸びている。

それは、生まれて初めて、少しだけ生きるステージが変わったような感覚だった。

「いや、分かってくれれば……、それでいいんだが……」

眉間に皺をよせて怒鳴っていた上司の表情が和らいでいる。

「ありがとうございます」

また、早田はお礼を述べた。

「まあ、頑張ってくれ……」

初めて、この上司から励ましのことばをもらった。

ありがとうということばの力に早田は生まれて初めて魅せられていた。

# 三　願いは叶う

あの日以来、謎のメールは毎朝届けられていた。

何度か送り先のメールアドレスへ「あなたは誰ですか?」と返信してみたが、一度もそれに対する返信は届かなかった。

厚子は、メールのことを「天使の声」などといって楽しみ出していた。

「きっと、営業の神さまが、あなたのことが心配でメールをくれているのよ」

真顔でそんなことをいい始めていた。

「ほらっ、不思議がるのはやめて、心から感謝、感謝」

届き続けるメールと、厚子の毎朝のことばで、早田もいつしか「今朝もありがとうございます」と、届くメールに頭を下げることから一日が始まるようになっていた。

五時半、早田は起き出した。

最近は、自然に早起きになっていた。二度寝をやめて気づいた事がある。

それは、例え数時間しか睡眠時間がとれない日でも、目覚めたときにパッと起きると、ダラダラ眠っていたときよりも身体が軽く、しかも心の張りが長く続くのだ。

何故か分からないが、一日中すべてに対して前向きな思考が自然に湧き上がる。この二度寝をしないで過ごした一日の快感を得て以来、早田は「目覚めたときが起きるとき」と決め、二度寝をやめた。

天使の声が早朝に届く影響からか、自然に早起きの習慣が身につき、今ではメールよりも先に起き出す始末だった。

「おはよう」

「今朝はどんなメッセージだったの」

厚子もメールの内容を聞くことが楽しみになっていた。

「早く読んで聞かせて」

二人で朝のコーヒーを飲みながら、メールについて会話することが日課にもなっていた。

「待ってよ、まだ天使の声は届いていないんだから」

「でも、毎朝五時五十五分にピタッと届けてくるのもすごいわね。神さまも、毎朝起きているのかしら」

「神通力があるから意外と簡単かもよ。それよりなんで五時五十五分なんだろう」

「ゴー、ゴー、ゴーって意味かも」

「まさか……。神さまってアメリカ人?」

そんな冗談を交わしているとメールが届いた。

To: Yasushi Hayata

Subject : **今日のひとこと。**

早田さん、おはようございます。

**人間力を高めなければ、**
**いつも足元しか見られない**
**小っぽけな視野で終わってしまう。**

テクニックだけで上を目指すことは不可能です。
高いビルの屋上から遠くを望む如く、
自分自身の人間力を高めなければ、
広く深い心は備わりません。
すべては心が先です。
心が技術を越えない限り、技術は生かされません。

それでは今日もポジポジでいきましょう！

「人間力か……」

メールを読みながら呟いた。

「どうやったら人間力を高められるのだろう……。そもそも、人間力ってなんだ」

素朴に疑問が口をついたとき、厚子はふと立ち上がって隣の部屋から一冊の本を持ってきた。

厚子は文学部出身で多くの本を持っていた。ただ、引っ越すとき、あらかた処分するしかなかったのだが、古びた何十冊かの本をダンボールに入れて運び出していた。

「これ」といって手渡してきた本には「論語」というタイトルが書かれていた。

「ろんご」

「そう、今から二千五百年くらい前に、孔子という人が弟子たちに話したことをまとめた本なの」

「これと人間力となんの関係があるの」

「うん、論語の中で孔子は弟子たちに、なによりも自分で自分を磨くことが大切だって説いてるの」

「自分で自分を磨く?」

「そう。それには七つの徳を積むことだって」

ボロボロになっている本を厚子は大事そうに開いた。何本も線が引かれ、空白の部分には細かい文字で、沢山のメモがほどこされている。

「このメモ、全部、君が書いたの」

早田はその読書の仕方に驚いていた。自分はといえば、小説の類を寝転がりながら読んでいたのが関の山だ。

「大学の卒論で使っていたから……。それより、あのね、ちょっと聴いて……。きっと人間力って、この七つの徳のことじゃないかしら」

厚子は少し照れながら、懐かしそうに、そして労わる様にページをめくり続けている。

「ここ、ちょっと読みながら解説するわね」

孔子は、仁《じん》、義《ぎ》、礼《れい》、智《ち》、信《しん》、勇《ゆう》、寛《かん》、の七つを持って「徳」といった。

仁……道徳の根本で、人間愛、人に対する優しさと温もりの心。

義……利欲に囚われず、すべきことをする心。人としての正しい道。

礼……上下関係の重要性。礼儀。元を正す心。

智……物事の根本を感じる心、洞察力。

信……嘘をつかない心。信頼への道。

勇……勇気であり、それをやり抜く精神力。

寛……自分には厳しくとも、人には寛大である心。包容力。


「これが、七つの徳で、特に孔子は仁と礼をもっとも大切だと訓え続けているのよ。つまり、誰に対しても礼儀正しく、そして本当の優しさをもって接するようにと」

「すごいな。どれもこれも大切なことだけど、いったい、この徳を積むことと営業となんの関係があるのだろう……」

「もう一度メールを読んでみて」

「うん」

**人間力を高めなければ、いつも足元しか見られない小っぽけな視野で終わってしまう。**

**テクニックだけで上を目指すことは不可能です。高いビルの屋上から遠くを望む如く、自分自身の人間力を高めなければ、広く深い心は備わりません。すべては心が先です。心が技術を越えない限り、技術は生かされません。**

「やっぱり」

厚子は一人納得顔だった。

「何がやっぱりなの」

「孔子は二つ目の『義』を説くとき、よく『利』と対象に説明していたの。例えば『利を見ては義をおもう』みたいに。

上手い話や、儲け話が舞い込んできたとき、そこに人としての正しさがあるかどうかを、しっかり見極めなければいけないということ。

どんなに都合のよい話であっても、人としての道を踏み外すようなことはしてはならない、そう訓えていたのよ」

「だから……、それと、僕の営業と、いったいどんな関係があるっていうの」

「私には営業のことは分からないけど、技術や知識はただの必要条件であって、絶対条件ではなく、そういう能力以上に人としての心がお客さまに対して大切なんだってことじゃない」

「技術の前に人としての心……。そして、その心を高める、つまり徳を積んでいなければ営業はできないってことなのかな」

「きっとそうよ」

早田は、ある出来事を思い出していた。


もともと技術者としてお客さまの会社を廻っていた頃のことだ。

コピーをとると、四角い影が写りこむというクレームで駆けつけたのだが、早田が到着するなり、お客さまは物凄い剣幕でクレームをぶつけてきた。

急ぎの資料を大量に作らなければならないのに、何百枚というコピーを無駄にした挙句、最初からやり直さなければならない。

間に合わなかったらどう責任をとってくれるんだ、と。

とりつくしまもなく、ミスコピーの状態をやっと確認するという中、必死にお詫びしながらテストコピーを一枚とらせてもらった。

原因はすぐに分かった。

お客さまが、宛名ラベルをプリントしたときに、タックシールを一枚ローターに巻き込んでしまっていた。

それがローターに張り付いたままになっていて、コピーするたびに宛名シールの形をした影も一緒にコピーされていたのだ。

怒鳴り散らされた挙句、原因はお客さまの不注意にあった。

「資料をコピーされる前に、封筒に貼る宛名ラベルをプリントなさいませんでしたか」

そういいながら、ローターから剥がしたタックシールを証拠のように見せていた。

お客さまは顔を真っ赤にして、「トラブルの原因は俺にあるというのか」と、最初のときよりも更に激しく怒り出してしまったのだ。

確認のつもりでした質問が、どこかで相手を責めていた。

その後は、いくら弁解しても、謝罪しても、お客さまの怒りは収まらず、機械を変えるとか、メーカーを変える、しいては業者も変える、と怒鳴られ、逃げ帰るように会社に戻ったときには、上司にまでクレームの電話が入っていて、散々叱られた。

「トラブルの原因をお客さまのせいにしてどうするんだ！」と。

早田は、技術者としての腕には自信があった。そして、それが日々の作業の中でいつしか変なプライドに変わっていた。

トラブル自体、機械の故障ではなく、お客さまの不注意からだと思った瞬間、心なしか無意識に責め口調になっていたのだ。

「そうか、心が技術を越えない限り、技術は生かされない……。その通りだ。先輩や上司から色々な話法を教えられているけど、一度として上手く運んだためしがない。僕の中に問題があったんだね。営業技術の前に、人としての心構えがなければいけなかったんだ」

「営業にとって大切な心ってどんなものなのかしら」

「そのままだよ」

「えっ？」

「この七つの徳、そのまま。売る側と買う側という括りを取り払い、同じ人として、みんなに対して、優しく、状況をしっかり見て、正直に、腹を立てず、正しい心で、礼儀正しく、そして最後までやり抜くことさ」

娘のアヤが起きてきた。

毎朝、二人が笑顔で会話している姿に安心を覚えたのか、屈託のない笑顔が戻ってきていた。

その笑顔に早田はある年のクリスマスを思い出した。

まだアヤが小さかった頃、「なぜクリマスツリーを飾るの」と無邪気に質問されたことがあった。

「これはね、サンタさんと連絡を取り合うアンテナなんだよ」といい加減なことをいいながら、アヤと二人でツリーの飾りつけをしていた。

「だから、このツリーに欲しいプレゼントを書いて、この靴下に入れておくと、サンタさんに願いが届くのさ」

そういって、飾り用に作られた小さな靴下をぶら下げた。

毎年、その中に入っているアヤからサンタさんへのメッセージを、厚子と二人で読んではプレゼントの用意をしていた。

希望のプレゼントがクリスマスの朝、本当に届くことに「サンタさんが来た」とアヤは無邪気に大喜びしていた。

早田が営業職に配置換えになった年、疲れて家に帰るとクリスマスツリーが飾られていた。

もうそんな季節か……。

毎日駆けずり回り、季節感のない日々を送っている自分が情けなくなった。

と同時に、プレゼントを買ってあげられるような経済状態でないことが心に辛い重石のようにのしかかる。

毎年、アヤと一緒にツリーの飾りつけをしていた。それが今年は、いつの間にかツリーが用意されている……。

靴下の中にいつものようにメモが入っていた。

子供は無邪気でいいな……、ふと思った。

小六にもなって、まだサンタを信じているのかな……。

そんなことを考えながら、しかし、メモを読む気にはなれなかった。

読んでも買ってあげられない。

読むことが辛い……。

そのまま早田は風呂に入り布団にもぐりこんだ。

夜中に目を覚まし、喉が渇いて起き出したとき、ふとツリーが目に入った。

やはり気になる。今年はなにが書いてあるのか……。

指を伸ばし取り出して読んでいた。

カラフルな色の文字でメッセージが綴られていた。縁どりを飾り子供らしい文字で丁寧にメッセージが書かれていた。

**サンタさんへ**
**いつもプレゼントをありがとうございます。**
**でも、今年はなにもいりません。**
**来年もいりません。**

その先もいりません。
ずぅっとずぅっといりません。
だから最後のお願いを聞いてください。
アヤへのプレゼントのかわりに
パパにプレゼントをください。
いつも笑っていたパパが笑わなくなりました。
さみしくて仕方ありません。
友だちはサンタさんなんかいないといいます。
でも、アヤは信じています。
信じているのだから、このお願いだけは絶対きいてください。
もし、きいてくれなかったら、もうサンタさんを信じません。

半分脅しの入ったメッセージに笑いながらも、早田はすまない気持ちで一杯になった。
そして、何度も何度も読み返した。

読み返すうちにボロボロと涙が出てきて止まらなくなった。

今は、そんな自分に笑顔が戻っている。

家族が笑顔で顔を会わせることができるようになった。

「サンタさんはいたのかも……」

「えっ？」厚子が振り向く。

「いやっ、ちょっと思い出してさ」

「パパ、まだ春になったばかりよ」

アヤが怪訝な顔をしている。

相変わらず貧乏に変わりはなかったが、早田に笑顔が戻り出したのだ。

三人で朝食をとり、早田は通勤ラッシュで電車が混む前に、一足早く会社へ出掛けて行った。

背中で「今日は、きっと善いことがあるわよ」という、厚子のいつものことばを聞きながら。

# 四　問題解決への挑戦

天使の声が届き出して一ヶ月が過ぎていた。

タイムリミットまでの最後の一ヶ月……。

最近では、誰が配信しているのかは考えなくなっていた。そのメールを毎朝読むことで、一日の軸が定まり、とても元気に過ごすことができる。

そして、営業職になってからほとんど家族と会話のなかった早田にとって、毎朝三人で朝食をとりながら話をする時間を過ごせることが嬉しかった。

最近の早田は誰よりも早く出社する。

朝の時間というのは、何処に居ても、それだけでパワースポットのようだ。

誰も居ないオフィスで、届いたメールをノートに書き写すことを日課にしている。

一日分を一ページに書き、自分なりのコメントも書き込んで、既に三十ページの分量になっていた。

これだけのページ数になってくると、大切なノートになり、まさに宝物でもあった。

「いつまでメールは届くのかな……」

そんな心配が、最近では湧き起こる。

あの日、肩に舞い降りた白い羽根（実際は名刺大のメモ紙だったが）には「私はいつでも君を見守っている」と書かれていた。

あれは自分へ宛てたメッセージだったのか……、それとも、ただの偶然だったのか……。

偶然でもなんでも構わない。見えない力が自分を守ってくれている、そう思えるだけで、大きな勇気が湧き上がる思いだ。

百五十人いた同僚たちも、今では六十人にまで減っていた。

コピー機のメーカーが親会社であるため、販社である早田の会社は、不景気の中でも潰れずに持ちこたえているのだろう。

メンテナンスを担当する技術者は十人を切り、その人数で一千台以上の保守に毎日駈けずり廻っている。

事務方のスタッフも数人に減らされ、後は全員営業だ。

昔はトップ営業といえば、月に七十台も販売していたと聞く。

壁に貼られるグラフには、今ではトップでも十台がせいぜいというところまで落ち込んでいる。

もちろん早田は、まだ一台も契約を取れてはいなかった。

衝動的に投げやりになったあの日から一ヶ月。

変わったことといえば「ありがとう」が口癖になったことくらいかもしれない。

だが、その「ありがとう」ということばが、不思議な影響を早田に及ぼし始めていた。

善いことも悪いことも、すべてひっくるめて「あり難いこと」として感じ出している。昔なら、悪いことが起こると、必ず不平不満へと発展していたのに。

ありがとう、ありがとう、といつも笑顔で人に接しているうちに、早田に対して笑顔を返してくれる人が増え出した。

この間までは、みんな敵に思えていた人たちが、実は優しい仲間たちだったと知った。

みんな将来に不安を抱え、イライラする中で、自分より弱い者を見つけては馬鹿にし、小さな安心感を得ていたのだ。その標的が早田だった。

ありがとうは人に自信を与え、ありがとうといわれることは、自分の自信を開花させてくれる力がある。

今、早田の会社には目に見えない変化が起こり始めていた。

誰も、まだ気がついていないが、失いかけていた自信を、早田の「ありがとう」という口癖によって、全員が取り戻し始めていた。

自信は、大きい小さいに関わらず、希望を生み出す。希望さえあれば人は生きられるのだ。

ありがとうは希望の生みの親なのだ。

突然、誰もいない早朝のオフィスに、けたたましい電話のベルの音が鳴り響いた。

反射的に時計を見た。六時半……。

何だろう……と怯えながら早田は受話器を上げた。

「はい、ありがとうございます、ゼノン販売です」

「あー、よかったぁ」

大きな叫び声が返ってきた。

「助けてくれ！」

受話器の向こうで男性が叫んでいる。

「もしもし……」

「すぐ来てくれないか」

「あのぅ、ゼノン販売ですが……」

「だから、すぐに来て欲しいんだ」

「どうかしましたか」

「どうもこうもないんだよ。どこへ電話しても、みんな時間外のアナウンスが流れるばかりで」

「こちらはゼノン販売と申しますが」

早田は間違い電話だと思った。

「どこの誰だって構わないんだよ。おたくコピー機の販売会社だよね」

「はい……そうですが……」

「修理もしているよね」

「ええ……」

「たのむ、すぐに来てくれ」

間違い電話ではないようだ。

早田は電話の主が落ち着くのを待って、やっと事情を聞きだすことができた。

今日の午前中にイベントがあるらしく、その資料を作り終えたところ、ミスプリントを発見し、間に合わせようと徹夜で作業をしていたが、コピー機がトラブルを起こし動かなくなったという。

「紙詰まりなんかしていないのに、それを取れ、とメッセージが出て動かないんだよ」

自分たちで開けられるカバーはすべて開けてみた。でも紙なんか詰まっていない。どうしていいか分からなくなり時間ばかり過ぎていく……。悲鳴に近い訴えだった。

そして、慌てて販売会社に電話をしてみたが、早朝ということもあって誰も出ない。メーカーに電話しても同じだった。

それで、スタッフみんなで手分けして電話帳を開き、片っ端から電話をしていた。

「もう、一時間近く電話を掛け続けていたんだよ」

一時間前というと朝の六時前だ。確かに誰も出るわけがないよな……と思った。

「分かりました。とにかく伺います。ご住所は……」

早田は現場へと向かった。かつてのメンテナンス道具と一緒に。

偶然にも代々木にある早田の会社からひと駅隣の新宿だったため、十分も掛けずに到着した。

「ええと、このビルの八階だったよなぁ……コンプトン工業は……」

エレベーターホールの案内板を確認して、早田は現場へ向かった。

「おはようございます、ゼノン販売です」

ドアを開けるなり、抱きつかれんばかりに飛びつかれた。

「待ってたよ、ありがとう、こっちだ。とにかく頼む、なんとかしてくれ。オーイ、小笠原、修理屋さんが到着したぞぉ」

社内には二十人ばかりの人がワイシャツ姿の袖を捲り上げ、ネクタイをはずし、せわしなく動き回っていた。

「とりあえず、揃っている物からホチキスで留めておけ」

「急げよ。もう時間がないんだから」

「小林先輩、早くお連れして下さい」

「分かってるよ、今行くから」

物凄い熱気だった。

早田は圧倒されながら、小林と呼ばれる大きな男に引きずられるようにトラブルを抱えているコピー機の前に連れて行かれた。

そして、愕然とした。

「どうだ、直せるか」

「……」

「なにしてる、早くやってくれ」

「……」

「おい……」

「……無理です」

「えっ?」

早田の頭は真っ白になり、いいたくはないが、いわなければいけないことばを搾り出した。

「出来ません」

「出来ないって……、なにをいっているんだよ」

とても強い力で両肩を掴まれた。

「冗談はやめてくれ……」

小林と呼ばれていた男が泣きそうな声をだした。

早田は顔を伏せ、無力な自分を痛感しながらいった。

「この機械はうちのメーカーのものじゃないんです」

「そんなの分かっているよ。でも、同じコピー機だろ」

「コピー機に変わりはないのですが、他所《よそ》様のモノには触れられないんです」

業界のルールがあった。それにリース契約上、保守契約を結んでいない機械に触れる行為は改造にあたり、後々、こちらのお客さまへの大変な迷惑に発展しかねないのだ。

切羽詰っている状況は見ていて、手に取るように伝わってくる。

なぜ、電話の段階でよく話を聞かなかったのか……。

現場に来る前に断っていたなら……。悔やみきれない後悔の念に包まれていた。

説明するのも、聞くのも、もどかしい状況なのは分かっていた。

二十人近くいる人たち全員の手が止まり早田を凝視している。

「すみません……、どうすることも出来ないんです」

一人、二人と床に座り込む者がいた。

「出来ないって……、そんな……。なぁ、頼むよ」

出来ることならなんとかしてあげたい。

早田は真剣にそう思った。

この人たちは本当に困っている。

自分は、どうしたらいいんだろう。

「代々木体育館で十時からイベントなんだよ。うちのメーカーの保守会社は九時にならないと電話が繋がらないらしいんだ。それを待って来てもらったとしても絶対に間に合わない。なんとかならないか……なぁ、頼むよ」

長い沈黙だけが立ちこめていた。

さっきまでの喧騒が嘘のように事務所の中は静まり返っている。
誰もなにもしゃべらない……。物音ひとつしなかった。
早田の前向きなことばを期待して待っている。
全員の視線が早田に刺さる。
どうしたらいいんだ……。
どうしよう……、どうしよう……。
でも、出来ない……。
そのとき、早田は今朝のメールを思い出した。

突然、降って湧いたように鮮明にメールの内容が蘇ってきた。

To: Yasushi Hayata

Subject : **今日のひとこと。**

早田さん、おはようございます。

**営業の使命は「売る」ことではない。**
**問題解決のお手伝いをすることです。**

売って終りの営業は、ただのモノ売りです。
真の営業とは、お客様の「困っている」ことに対して
一緒に挑戦し解決することです。

それでは今日もポジポジでいきましょう！

そうだ、僕の仕事は困っているお客さまのお手伝いをすることだ。

解決へ向けて挑戦することだ。

「すみません、あとどれくらいのコピーが必要なんですか」

「何か方法があるのか！」

「残りの作業内容を教えて下さい」

「このプリントを八千枚刷って、ホチキスで留めるだけなんだ」

「イベント会場は代々木体育館でしたよね」

「そうだよ」

「うちの会社からすぐです」

全員の熱い視線が早田を射抜いてくる。

「行きましょう、直ぐに」

「どこへ？」

「うちの会社へ」

「うちの会社って？」

「ゼノン販売へ」

「えっ？」

「うちには一分間で百二十枚コピーできる高速プリンターが二台あります。同時にやれば三十分ちょっとでコピーできます。その後、みんなでホチキス留めすれば十分間に合います」

うぉーという歓声が湧き上がった。

窓が曇るほどの熱気に包まれた。

「小笠原、行くぞ。みんな全部持て。忘れ物するなよ。そのまま会場へ直行だ。上着やネクタイも忘れるな」

まるで嵐のようだった。

「車を回せ！　資料を積め。乗れない者は走ってこい」

早田はバンに押し込まれ、二台の車で会社へ向かった。残りの人たちは本当に走っていた。

二十人近い人数が事務所の中に入り、次々とコピーが出てくる横でホチキス留めをする。

そしてついに完了した。やり遂げた。

すると、突然みんなが握手を求めてきた。ひと通り握手をし終えたとき、再び風のように全員が去って行った。

九時前だった。

しばらくして、一人、二人、と同僚たちが出社してきた。

「なんか汗臭くないか」

「散らかってる気がするなぁ」

「このホチキス誰のだぁ?」

嵐の後の静けさ……の余韻に浸っている間もなく、早田の耳に仲間たちの声が面白可笑しく届いていた。

# 五　あいこの法則

始末書を書かされた。

無許可で外部の者を社内へ導き、尚且つコピー機を無断で使用し、会社に損害を与えた、ということでの始末書だった。

「本来ならクビだよ、君。分かってるよね。まあ、どうせ君のクビは時間の問題だけど」

営業本部長が怒鳴りながら睨んでいた。その横に常務が座り、早田の顔を不思議な目で見つめていた。

社長はメーカーからの出向で、週に一度しか出社しない。普段は常務が会社を切り盛りしていた。

「すみませんでした……」

下げた頭を上げられず、早田は床を見つめ続けていた。

「名前は、早田……君、といったよね」

今までのやり取りを黙って聞いていた常務が聞いてきた。

「はい……」

消え入りそうな声で返事をする。

「そんなにしょげ返らなくてもいいよ。顔を上げなさい」

「はい……」と返事はするものの、なかなか顔を上げることは出来なかった。

厚子とアヤの顔が脳裏にチラつく。

「君は失敗をしたという自覚はあるようだね」

常務の声はなぜか優しかった。叱られているという気がしてこない。その声に釣られるように、早田は顔を少しずつもたげ始めていた。

「本部長、少し彼と話をしてみたいので、君は戻っていていいよ」

「でも……、常務」

「いや、いいんだ」

そういってうなずくと、本部長は不満気な顔を残し、早田を一瞥して部屋から出て行った。

常務にソファをすすめられ、早田は常務の向かい側に遠慮気味に少しだけ腰を乗せるようにして座った。

「君は元々、技術畑出身だったよね」

「はい」

「営業への配置換えに、不満を持っているんじゃないかな」

「はい、最初は……。不満というより、なぜ……と思いました」

「今もやはり不満かね」

「いいえ、今はそうでもありません」

「あきらめたのかな」

「考えることをやめました」

「どうして」

メールが届いたからとはいえなかった。まして、天使の声のことも話したところで理解してもらえるとは思えない。早田はどのように説明すべきか答えに詰まっていた。

「君はなぜ営業職についたのかな」

「えっ、なぜといわれましても……。そのように異動が決まったので」

「逆らうわけにはいかなかったか」

「はい」

「それでいいんだよ」

「えっ」

「理不尽なことに出会うと、人は必ず理屈で考えようとする。『なぜ』と。だけど理屈で納得できることなんてほとんど無い。

乗っていた電車が遅れた。

『なぜ遅れたんだ……』

友達が約束の時間に遅刻して、予定していた映画を観られなかった。

『なぜ遅れたんだ……』

イライラしていたために、ついキツイ言い方をしてしまった。

『なぜ、もっと優しくいえなかったのか』

出張で早起きをしなければいけなかったのに寝坊してしまった。

『なぜ、こんな大切な日に……』

なぜ、なぜ、なぜ。と考えても、答えは出ない。そんなものさ。

赤が好きだという人もいれば、白が好きだという人もいる。

その理由を説明なんかできない。どだい説明できるものは本物じゃないんだ。なぜを考えるのは科学者の役割で、われわれ実務家は考えるよりも大切なことがある。

それは起こってしまった事象を無条件で受け入れることなんだ。

特に、辛いことや嫌なことには『感謝します』といって受け入れる。

勿論、予想もしていない嬉しいことが起こったときも『ありがとう』といって。

こんな言い方をすると無責任に聞こえるかもしれないが、君が配置換えになったことにも、実は深い理由は無いはずだ。

大概、理由や理屈なんてものは後付けなんだよ。

確実にいえることは、君は選ばれたってことなんだ。

選ばれたことに対して『感謝します』って受け入れてごらん」

常務はニコッと笑って早田を見た。

早田はその引き込まれそうな笑顔に対して、どのような表情を返せばよいか一瞬迷った。

「ほら、また理屈で考えている」

「えっ」

「君は今、この場に対してどう反応すべきか、またはどのように対応しようか、と考えたでしょう」

「あっ、はい」

「それがいけないんだ。いつの間にか、みんななんでも理屈で考えようとするようになったんだな。

笑顔には素直に笑顔を返せばいい。それだけでいいんだ。

例えば、天国や地獄、神さまの存在……とか、君は信じる？」

「ええ。なんとなく……」

「そう、それでいいんだ。もし私が『なんで信じるの』って理屈で質問すると、きっと答えに困るよね。そして、信じる理由を後付けの理屈で説明しようとする。

人がなにを信じているかなんて説明できるものじゃない。なんとなく信じているんでしょう」

「はい」

「世の中は、そんな風に、理論や理屈で説明できないことの方が圧倒的に多い。だ

から、まず、すべてを無条件で受け入れてごらん。それこそ説明できないが、すべてが良い方向に流れ出すから」

始末書の件で慰められているのだろうか……。早田は少し混乱していた。なぜ、常務はこのような話をしているのか……。またなぜと理屈で考えている自分に気づいた。

この時間、この空間にもなにか意味がある。

ただ、それを受け入れればいいんだ……、とまた頭が理屈をこねている。

「お昼にしよう」

突然の呼びかけに「はい」としか返事のしようがなかった。

「私は鰻を食べたいな。ジャンケンで負けた人が奢るっていうゲームはどう」

六十才近い常務に無邪気に笑いかけられ、思わずまた「はい」と返事をしてしまった。

しかし、ギリギリの給料で鰻など食べられる経済状態ではない。

まして、もし負けてしまったら……、二人分を払わなければならない。どうしよう……。

「私はグーを出すからね」

常務はそういって、またニコッと笑う。

「いくよ」といいながら右手を突き出してジャンケンの体勢に入っていた。

頭が高速回転していた。常務が本当にグーを出すなら、自分はパーを出せば勝ちだ。でも、常務が深読みして、チョキを出したら……負けることになる。

「いくよ、ジャンケンポン」

早田は『グーを出す』という常務のことばを信じてパーを出していた。

常務の右手を見る。

常務は……、チョキを出していた。深読みされていた……。

「私の勝ちだ。鰻は君の奢りだ。さぁ、出掛けよう」

理由《わけ》が分からなかった。なんでこんなことになっているのか。

なぜ、常務とランチを一緒に摂らなければいけないのか。

しかも自分の奢りで……。

常務は内線で本部長に「早田君と出掛けてくる」と告げ、部屋を出て行ってしまった。慌てて早田は後を追いかけた。

外は春の陽ざしに溢れていた。

それなのに、財布の中は二千円しか入っていない真冬の状態だ。

そして、このお金はとても大切な二千円だった。

「営業はなにがあるか分からないから」といって、いつも妻がやり繰りしながら財布の中に入れてくれる貴重なお金だ。

「厚子すまない……」心の中でつぶやいていた。

常務は信号を渡り、飲食店が軒を連ねる一角に真っ直ぐ向かっていく。自宅が競売になってからは、クレジットカードも無くなっていた。持っていたカードの有効期限が切れた後、新しいクレジットカードが送られてくることはなかった。

スッと常務が足をとめた。

物色するように数件の看板を眺めている。

意を決したように一軒の暖簾をくぐり本当に店の中へ入ってしまった。

一瞬、目の前が真っ暗になる。

いまさら逃げ出すことも出来ない。

しみじみと店をながめた。

溜息しか出なかった……。

暖簾をくぐり早田も店へ足を入れた。

鼻をつくカツオ節と醤油のいい匂いがする。

「もり蕎麦ふたつ」

威勢よく常務は注文を飛ばした。

「はいよ」

一人で切り盛りしている親父《おやじ》が間髪いれずに返す。

「えっ？」

二人が入ったのは蕎麦屋さんだった。

「あのう、常務……、ここは」

早田の問い掛けを無視して、目の前に出された蕎麦を常務は美味しそうにすすりだした。そして、君も食べろと目配せしてくる。

割り箸をとり、ひと口蕎麦をすすり上げたとき「君はグーを出せばよかったんだよ」と突然、早田を見て常務はいった。

「勝ち負けにこだわらず、グーを出す。……私は、最初にグーを出すと予告したよね」

「はい」

「君は勝つためにあれこれ考えた」

「はい」

「君がグーを出していたら、私の負けだったんだよ。そして、君は蕎麦じゃなく鰻を食べられた」

そういって早田を見つめてきた。

「営業はね、勝ち負けを考えて行動するものじゃないんだ。あいこでいいんだよ。私がグーなら、君もグー。それであいこじゃないか。いつもあいこ。

それが営業の基本なんだ。

一時、『ウィン・ウィン』ということばが流行したけど、お互い『勝ち・勝ち』なんて有り得ない。必ずどちらかが勝てば、どちらかが負ける。英語圏の国ですら、『ウィン・ウィン』なんてことばは存在していない。日本人が作った和製英語なんだけど、おかしなことを考える国になったよね。

お互い上手くいくように、と理屈で考えるなら有り得そうなんだけど、現実には

『ウィン・ウィン』は存在しなかった。そうじゃなかったら、不景気なんて訪れないからね。

それを『変だ』って敏感に感じ取った者だけが、リーマン・ショックにも、古くはバブルにも動揺せず残った企業なんだよ。

私たち日本人がもつ感性を、まだ失っていない人たちがいるってことさ。

かつての日本人は『あいこ』の精神を大切にしてきたんだ。

どちらも勝たないし、どちらも負けない。

君があいこでいいや、とグーを出していたら、チョキを出した私は負けていたろう。つまり、このあいこの精神が理屈を超越して人生に風を吹かせてくれるんだよ」

蕎麦をすすりながら常務は続けた。

「営業は、議論でお客さまに勝つ必要も無ければ、理屈で説得するものでもない。・・・・・なんとなく納得していただき、・・・・・なんとなく気に入っていただき、・・・・・なんとなく買っていただくだけなのさ」

最後の一本まで丁寧に蕎麦をすすり、「もう一度ジャンケンしよう」と常務がいった。

「私はグーを出すよ」

そういうなり間髪いれずジャンケンになった。

早田は素直にグーを出した。

常務もグーだった。

「あいこだね。じゃあ、ここは割り勘だ」

四百円を置いて常務は出て行った。

慌てて早田も支払いを済ませると、急いで常務の後を追いかけた。

「常務！」

早田は背中に呼びかけた。

立ち止まり振り返る。

ニコッと笑っていた。

それに笑顔を返した。

常務がかすかに頷く。

「ご馳走様でした」

早田は深々と頭を下げていた。割り勘なのにご馳走になった気がして仕方ないのだ。

「とても、美味しかったです」

また、頭を下げた。

「始末書の件は気にしなくていい。君は理屈じゃなく、それがいいと思って動いたんだろうからね」

そういって常務は会社とは別の方角へ歩き去っていった。

# 六　奇跡の始まり

進退を決めなければならない日が一ヶ月を切った朝、早田と厚子は小さな卓袱台を挟んで早朝のコーヒーを楽しんでいた。

「もうすぐ桜の季節ね。開花したら西武園にでもお花見に行きたいわね」

「お弁当をもって」

「おにぎりに卵焼き」

「もうアヤは遊園地で喜ぶ齢でもないよな」

今の暮らしを考えると、とても贅沢なことだった。

お互い、行けたらいいな、という思いだけで会話をしていた。

月末の給料が出たばかりなのに、支払いを済ませた今、家中のお金をかき集めても、ひと月の暮らしにはとても足りない、わずかなお金が手元に残っているだけだ。

早田は定期代を浮かし、少しでも厚子の負担を減らそうと、桜上水のアパートから下高井戸《しもたかいど》までひと駅歩き、新宿で乗り換えず、代々木までまたひと駅歩いて通勤していた。

早起きしている分、時間的な問題はまったくなかった。

「数週間前に届いた天使の声に、なぜ営業職についたのかってあったろう」

「かなり前よね……」

早田は保存してあるメールを探して呼び出した。


**あなたはなぜ営業職に就いたのですか？**


「このメールが届いたとき、正直、ムッときたんだ。好きで選んだんじゃないって」

「その朝だけは機嫌が悪かったから、よく覚えているわ」

「でも、やっと分かったんだ。特にこの解説の意味が」

**それは、あなたがこの職業を選んだのではなく、**
**この職業があなたを選んだのです。あなたは選ばれた人なのです。**

「僕たちって、自分に都合のよいことは素直に受け入れるのに、都合の悪いことは無意識に拒否しているんだって」

「どういうこと」

「何年か前の年の瀬に、商店街の福引で三等賞が当たったじゃない」

「ええ、そのときの景品が台所にある圧力鍋よね」

「そう、そのとき、素直に嬉しかったよね。僕はクジ運が強いんだって威張ったくらいにしてさ。営業職になったのも、もしかしたら福引に当たったのかもしれないって考えたんだ」

「それって、とてもステキな考え方だわ」

厚子はなぜか満面の笑みで早田を見つめた。

「当てたくても、なかなか当るものじゃないものね。そうよね、自分たちに起こるすべての出来事は『当たり』なんだわ」

「うん、つまり、人生の福引で『営業』という景品が当たったんだよ。職業が僕を選んでくれたんだ」

「すると、きっと善いことが起こるわね」

「うん。なんたって当たりクジなんだから」

こうやって過ごすこの朝のひとときが、今では最高の贅沢であり、とても大切な時間になっていた。

なぜなのか分からないが、次から次へと朝は前向きな考えが心の中に押し寄せてくる。

五時五十五分。

メールの着信音が鳴った

携帯電話を手元に引き寄せる早田を厚子は微笑みながら見ていた。

「なんて書いてある」

「うん、ちょっと待って……」

To: Yasushi Hayata

**Subject : 今日のひとこと。**

早田さん、おはようございます。

**朝は希望。夜は感謝。**

この繰り返しが、営業パーソンの軸を日々正してくれます。
朝は希望に目覚め、夜は感謝に眠る。
まず、今、希望を持って下さい。
今日必ず素晴らしい出会いが待っています。
会社へ行くと、素敵なお客さまから電話がきます。
素晴らしい出会いが訪れます。必ず…。

それでは今日もポジポジでいきましょう！

「ステキなことばね」

「朝は希望、夜は感謝か。その通りだね」

「きっと、今日はとてもステキなことが起こるわよ」

「うん、本当になにかが起こりそうな予感がするよ」

「前に届いたメールに『人は幸せだから笑うんじゃない、笑うから幸せになるんだ』ってあったじゃない」

「なかなか難しいよね、どんなときでも笑っているのは」

「でも、今日こそ頑張って笑っていましょう」

「うん、頑張って笑ってみるよ」

「笑うのに『頑張る』って、なんだか変よね」

そして二人は笑い合った。

笑いながら早田は心の中で、妻に善いことが起こりますようにと祈っていた。

厚子は、どんなに小さなことでもいいから、夫に善いことが訪れますようにと心の中で手を合わせていた。

月初めの営業会議が終わったのは正午を少し過ぎた頃だった。

「本部長の数字、数字、数字は、もううんざりだよ」

同僚の山崎と金子がデスクでぼやいていた。

「景気が良かった時代は利益があるからこそ、損金で処理できるリースがもてはやされるんであって、こんだけ不景気になると、誰もリースなんか組みたくないんだから」

いつまでもブツブツと続けていた。

そして、数人の同僚たちとお昼の相談をしながら二人は出て行った。

早田は厚子が握ってくれるおにぎりを持ってデスクに座る。

メンテナンスで駆け回っていた頃は、外食が当たり前だった。今は、おにぎりを大切に味わう毎日だ。

外を廻っているときは、適当なベンチを探して食べることが多い。

今日はみんなが出払ったオフィスでゆっくりとおにぎりの包みを開いた。

「いただきます」

胸の前で手を合わせ、おにぎりに向かって頭を下げた。

営業につく前は、「いただきます」も「ごちそうさま」もいったことがない。

お金を払えばなんでも食べられた。

欲しいものがあれば、当たり前の顔をしてクレジットカードで買っていた。

妻が洗濯をしたり家の掃除をしたりするのも当たり前だと思っていた。

会社は永遠に存在し、給料は年々増えるものだと信じていた。

リストラされる人は弱者で無能なんだと……。帰る家がある……、電気がつく……、水も無限に流れる……、暑い寒いといえばエアコンをつけっ放しにする……、ちょっとシャツに染みがつけば捨てて買い換える……、急ぎのときはタクシーに乗り、領収書を会社に廻す……、靴のかかとが磨り減れば、みっともないといって買い換える……、休みの前日は飲んで帰る……。

なにひとつとして当たり前ではなかった。

いつも誰かが、誰かのために頑張っている。その誰かの頑張りに助けられていただけ……。

時代が元気なときは、少し手を抜いてもなんとかなっていた。でも、みんなが疲れ切ってしまった今、手を抜く人の甘えが多くの人たちに悪影響を与えている。

今はひと粒の米が大切だった。一足の靴が大切だった。一枚のワイシャツが、家族が……愛しかった。

苦労を知り、助け合い……、思い合う心に救われてから、感謝しなければ罰が当たると本気で感じるようになっていた。

ゆっくり、ゆっくり……、ひと粒、ひと粒、味わいながらいただいた。

「ごちそうさまでした」と手を合わせ、おにぎりを包んでいたハンカチを丁寧にたたむ。

外に出掛けていった同僚たちは、誰ひとりとしてまだ戻っては来ない。お昼休みは五十分近く残っているから当たり前かもしれない。

山崎も金子も元々営業だった。同期とはいっても、営業に関しては早田の先輩になる。

やはりベテランらしく、毎月、最低限の数字は必ずクリアしているせいか、暮らしに余裕がみえた。

メンテナンスから営業に廻ってきた者で、残っているのは既に早田ひとりになっている。その早田も、今月一杯で結果を出せなければリストラされる運命にある。

「のんびりしていられないや」

ひとり言をいいながら、デスクの上に担当エリアのリストを拡げ、午後から廻るルートを模索し始めた。

目星をつけた市ヶ谷の地図をパソコンで開き、住所と場所の確認をしていたとき電話が鳴った。

「ゼノン販売です」

「あっ、もしもし、早田さんをお願いします」

「はい、私が早田ですが」

「おっ、おっ、早田さん！」

「はい、早田です」

「いやぁ、本当に助かったよ。その節はありがとう」

「はい？」

「コンプトン工業の小林だよ、コバヤシ」

「あっ、先日の」

「そう、先日の小林。お陰でイベントは大成功だったよ」

「それは良かった。お役に立てたんですね」

「お役に立てたなんてもんじゃないよ。本当にありがとう。それで……、早田さん、今、どこ？」

　会社に電話を掛けていながら『どこ』もないだろうと思いながらも、「会社です」と真面目に答えていた。

「丁度良かった、俺、今、下にいるんだ。メシ奢らせて、ランチ。お礼といっちゃぁなんなんだけど、メシ食べよう一緒に」

「すみません、今、食べ終わったところなんです」

「えっ、そうなの……。それじゃ、お茶しよう、お茶。とにかく会いたいんだ。そしてお礼をいいたいんだよ」

「お礼なんて……。そんな気を使わないで下さい。私はお役に立てただけで」

　その後、始末書を書かされたことはもちろん黙っていた。

「下の喫茶店にいるから。待ってるから、すぐ来て。黄色い看板の喫茶店」

そういって電話は切れていた。

相変わらず強引だった。

早田は、リストとプリントアウトした地図をカバンに詰め、ボードに市ヶ谷と書き込んでオフィスを出た。

喫茶店に入ると「こっち、こっち」と大声で小林さんが手を振ってきた。

昼休みで賑わう喫茶店の中でひとり異彩を放っている。

なんとなく周りの人たちに頭を下げながら、注目を集めているテーブルへ早田は足早に向かった。

「すみませんお待たせしてしまい……」

「いやいや、いいんだよ。それより先日は本当にありがとう。実は、なにか恩返しがしたくてさ……。それで、今日は早田さんに紹介したい人がいて、ご一緒いただいたんだ」

隣に大人しそうに座る年配の女性がいた。

「恩返しだなんて……」

早田は照れながら腰を下ろした。ウエイトレスが注文を取りにくる。

こんな場面でも、早田は一瞬財布の中身を考える自分に苦笑いをした。

「損得を考えないコピー屋さんって、この方？」

年配の女性が、早田の顔をまじまじと見つめながら小林に問い掛けた。

「ええ、彼です。ゼノン販売の早田さんです」

「そう……」

じっと見つめてくる。

早田は目線を合わせることができず、俯いてしまった。

沈黙が続く……。

だんだん、ジッとしていることも辛くなってきた。

手元のグラスを引き寄せひと口水を飲んだ。

小林も黙ったままでいる。

「素敵な方ね」

ポツリと女性がいった。

「えっ？」

早田は顔を上げた。

微笑む女性と目が合う。

「私、苦手なの」

「…………」

「いかにもって感じの営業職の方は」

小林が早田に握手を求めてきた。

理由《わけ》も分からず手を握りながら「なんなんですか？」と小林に目配せを送った。

「良かったな、早田さん。契約成立みたいだぞ」

「えっ？」

「こちらは、高砂《たかさご》幼稚園の園長先生で理事長でもあるんだ」

「はぁ……」

「はぁ、じゃないんだよ。俺の後輩で小笠原っていうのがいただろう。園長先生は彼のお客さまなんだけど、丁度コピー機を入れ替えたいっておっしゃっていたんだ」

「えっ、本当ですか」

「本当だよ。それで、今日お連れしたんだ」

頭の中が真っ白になっていた。

妻の顔が浮かんだ。

「きっと善いことが起こるわよ……」

……声が聞こえた。

卓袱台を机代わりにして勉強するアヤの姿を思い出していた……。

時間が止まった。

「こういうことって……」

二人が早田を見つめてくる。

「こういうことって……、本当にあるんですね……」

微笑む園長先生。

ニコニコ笑う小林。

早田は二人の顔を見つめながらポツリといった。

「神さま……」

# 七　無意識の法則

約束の朝、約束の時間に、早田は高砂幼稚園の門をくぐった。そのとき、なぜか早田は立ち止まり一礼していた。

誰もいない園庭を右手に見ながら玄関を入った。

園長室に通され、早田は緊張しながら待っていた。部屋の壁には園児の写真と、名前、大好きな遊び、が書かれたメモが一緒に張ってある。

どの子もみんなこれ以上ないという笑顔の写真ばかりだった。

「子供って、みんな前向きなのよ」

一枚一枚、丁寧に見つめていた早田の背中から声がした。振り返ると園長先生が立っていた。

「お座りになったら」

「ハイ、ありがとうございます」

「生まれるときは、みんな前向きな心を持って誕生するの」

そういいながら、園長先生も壁一面の写真を見つめていた。

「歩けない赤ちゃんが、ハイハイをするようになり、次につかまり立ちが出来るようになる。そして、生まれて初めての一歩を突然踏み出すの。奇跡よね。もし、赤ちゃんが後ろ向きの性格だったら、永久《とわ》に歩けないわね」

可笑しそうに園長先生が笑う。

確かにそうだ。

もし、赤ちゃんが大人のように、なんでもやる前から、無理だとか、不可能だとか考えていたなら、一年という長い時間を掛けて歩き出すことは不可能だろう。

そうか、人間は生まれたとき（最初）は前向きなんだ……。転んでも、転んでも、無意識に出来ると信じているからこそ、赤ちゃんはあきらめないんだ。

いつの間にか、その心を忘れてしまい、行動する前に理屈を先に考え、頭の中で勝手な結論付けをするようになっている。

そういえば、常務もいっていた。「まず、考える前にすべてを受け入れろ」と。

「あなたは、静かな人なのね」

ポツリと早田に向かって園長先生がつぶやいた。

「すみません……」

「いいのよ、謝らなくても」

「とても素敵なお話を聞いたものですから、仕事を忘れてひとりで色々と考えてしまいました」

そして、園長先生と向かい合っている今が、とても居心地の良いことに早田は驚いていた。

同時に不思議な感覚が湧きあがっていた。懐かしいなにかに触れているような……、昔から知っているもの同士のような……。

初めての場所で、心から安心している自分がいた。

なんでだろう……。

「人は『想い』でつながるそうよ」

「えっ？」

「あなた位の年齢の営業の人がいっていたの。あっ、お会いしているのよね。コンプトン工業の小笠原君。うちの担当の子」

子……という言い方が可笑しかった。確かに園長先生から見ると、自分たち位の年齢は『子』なのだ。

「モノでつながるんじゃなく、想いでつながるんですって。その人の心の中に、どんな想いがあるか……、その想いが姿に顕れるそうよ。そして、その姿は、その人の仕事への形になって、仕事の在り方を創りあげるんですって。若いのに、なかなかなことをいうのよね」

園長先生も同じなんだ。園長先生の想いが、今、ここの居心地良い空間を作り出して下さっているんだ。

「きっと、あなた達は自分達の中にある『想い』が共鳴しちゃったのね」

「あなた達……といいますと」

「小林君や小笠原君、そして早田さん……あなた達よ」

「いいえ、私なんかは、ぜんぜんダメな営業なんです。あの人たちは、きっとすごい営業マンなんだと思います」

「類は友を呼ぶって昔からいうでしょう。どんなことに価値観を持っているかというのはとても大切よ。

私達の世界も同じで、基本的に子供好きの保育士さんが集まってくるからチームワークが成り立つけど、もし、ひとりでも子供嫌いの保育士さんがやってきたら、とても園の運営はできない。

人と人の交わりは、同じ価値観を共有できるかにあるのね。たまに、費用対効果やメリットばかり説明する方がいらっしゃるけど、そういう計算の好きな方には、そういうお客さまがきっとつくはずよ。私はそういうことが苦手なので自然と離れてしまうの」

自分の中の想い……。

早田は、なにを大切にしているのか自分ではよく分からなかった。

「あなたは、人から、どんな人だといわれるの」

「はい……。上司からは不器用と……、同僚には要領が悪いって……」

「あらあら、形無しね」

「ええ……」

「でも、不器用ってことは丁寧ってこと。要領が悪いって事は誠実ってことでしょう」

「そんな風に考えたこともありませんでした」

「小笠原君が先日訪れて、一生懸命あなたのことを話すの」

彼とは一度しか顔を合わせていない。あの早朝のトラブルのときだ。それ以降、一度も会ってはいなかった。

「あなたがクビになるって、大騒ぎするのよ」

「えっ、私がクビですか」

なぜ、知っているのか。

驚いた。

あんなちょっとの間の出会いで、そこまで見抜かれていたのか、と恥ずかしくなった。

「そんな赤い顔をしないで。本当のことではないでしょうから」

いや、事実だった。あと数週間後にはリストラ確実という運命なのだ。

「彼がいうには、とんでもない無理をあなたにお願いしてしまったそうね。自分の会社なら確実に解雇されてしまうって。

それを覚悟であなたは自分達を助けてくれた。

きっと家族がいるはずだ。

自分の都合を考えず、困っている人を助けることができる人なんてそうそういない。

今度は僕が恩返しをしなければ……。

そういって、私に頭を下げるのよ。『園長先生、コピー機を入れ替えてください。僕が毎月の支払いをしますから』って。

要は、あなたからコピー機を買って欲しいと」

「えっ？」

「いいえ、誤解しないでね。彼に支払いをさせるつもりはないから。

丁度入れ替えのタイミングだったのよ。そうじゃなければ、いくらなんでも……、ねぇ。

だけど、ひとりの男をそこまで動かしたあなたはスゴイ男ね。

男が男に惚れるって、そうそうあるものじゃないから」

「そんな……僕は……」

スゴイ男でもなければ、惚れられるような男でもない。ただ、数字の上がらない、ダメダメ営業マンだ。

「うちのコピー機の業者さんは、押しが強くって、入れて一年もしない内から、次はどうですかって凄かったの。自分の都合ばかりで。

四年間のリース契約が再来月で満了なの。とてもタイミングが良すぎて私もビックリ。次の日に、小笠原君は、小林君を連れてきて、二人で頭を下げるの。そこまでする二人を見ていたら、あなたにとても興味が湧いちゃって、それで一昨日、会いに行ったのよ。小笠原君は、自分がお願いしたことは絶対にいうなって。そうしたら小林君が『よし、後は俺に任せろ』って威張っちゃって」

園長先生はそのときのことを思い出したのか笑っていた。

「想いがつながった人たちって素敵ね」

早田は顔を上げられなかった。

見返りを求めて取った行動ではなかった。

突発的な中で、自分でも、なぜあそこまで頑張ったのかは説明できない。お客さまの問題解決のお手伝いをする……、メールのことばが動機づけとなったのは事実だ。

想いがつながる……。そんなことがあるのだろうか……。

「私にもあなたを応援させて、ぜひ」

「園長先生……」

「二台……」

「えっ？……」

「うちのコピー機を二台、お願いするわね、あなたに」

ことばが出なかった。

人の優しさに触れた。

「園長先生……」

「なに」

「実は……」

「どうしたの」

涙が溢れ出してしまいことばが続かない。

でも、伝えなければいけない。

もし、ここで契約を頂戴しても、この先、自分がクビになってしまったら園長先生への責任を果たすことができなくなってしまう。

沢山の人の想いの中で、この契約が生まれた。

それに対して、自分は正直でなければいけない。

そうしなければ、紹介してくださった小笠原さんや、小林さんにも迷惑を掛けてしまう。

でも……。

自分の中に葛藤があった。数字が欲しい……と。

……伝えるべきだ、正直に……。

でも、この契約があれば……。

ことばが出ない。

ダメだ。

この契約を頂いたとしても、今月五台の契約数字を計上しなければ、クビと決まっているのだ。

とても自分には無理だ。残り三台の見込みなどまったく無いのだから。

厚子……、ごめん。

こんなにも、優しい人たちを「仕事」とか「ビジネス」というくくりで対応しちゃいけないよね。きっと君も分かってくれるはずだ。

僕はやっぱり営業には向いていなかったんだ。

きっと、スゴイといわれる人たちは、ここで平気な顔をして契約を交わすんだろう……。

だけど僕にはできない。

実力もなにもない自分を信じて下さる方たちと出会えた。

それだけで十分だ。

ありがとうございます……。

神さま……、ありがとうございます。

小笠原さん……、ありがとうございます。

小林さん……。

そして……園長先生……、ありがとうございます。

白い羽を思い出していた。

絶望の淵にいた。

無責任に、自分のことばかり考え、あとに残る家族のことを忘れ、ただ、ただ、楽になりたいと逃げ出そうとしていた自分。

すべて必然の中で時間がつながっていたのかも……。

甘えた心で今、ご契約を頂くことは、また、自分のことだけを考えた行為になる。

「利を見ては義を思え」

厚子が教えてくれた孔子のことばを思い出した。

まさに今、その瞬間《とき》だ。

仁（人に対する優しさと温もりの心）をもって皆さんが接して下さった。

それには義（利欲に囚われない心）をもって応えよう。

この先の人生において、信（嘘をつかない心。信頼への道）を得るために。

正直になろう。

最後の最後に、人の想いを裏切ってはいけない。

心が決まった瞬間だった。

「園長先生」

「はい」

「私は、今月一杯でクビになる身なんです」

「あら……そう」

まったく驚く様子のない園長先生に、早田は戸惑った。

「……なので、この件は別の担当をご紹介させていただきます」

「どうして？」

「いえ……ですから、私が園長先生を担当するわけには……」

「クビになるから？」

「はい」

初めて自分の中にも実感が湧いてきた。

そうだ、僕は今月一杯で終わりなんだ……。技術畑で八年、営業畑で二年。転職してからの十年間が、あっという間に流れた去った気がする。

「なぜ、今月でクビになってしまうの。もしよかったら聴かせて」

早田は園長先生に、今日までのことを話していた。白い羽のことも、天使の声も。そして、今月五台の数字を計上しなければならない現実を。

「それなら、まだチャンスが残っているわね」

「えっ？」

「今月一杯、まだ頑張る時間が残されているのでしょう」

「ええ、確かにそうですが」

「あなたは一度死んだのよ」

「えっ？」

「その海の見える公園で、あなたは死んでいるのよ」

「いいえ、死のうとはしましたが……」

「違うは、死んだの」

「そんな……、今、私は生きています」

「そう、生き還ったの。新しい自分に」

「えっ？」

「死ななかった、と勘違いしているだけ。すでにあなたは一度死んでいるのよ。そして、生き還った」

両手を拡げてみた。実体を確認していた。

「バカね、身体のことではなく、心の話よ」

暗い海の底で、ユラユラ揺れている自分の姿が見えた気がした。

「せっかく生き還ったのなら、おもいっきり自分らしく生きてごらんなさいよ。人間ってね、裸になれば浮かぶものなのよ。水に飛び込んでも、裸の人は浮いてくるの。力を抜いて、もがくことをやめ、水の流れに任せれば、泳げない人でも浮いちゃう。

それが、アクセサリーを沢山身に付け、余計なものをポケットに大切に仕舞い込み、背負う必要のないものまで背負いこんでいると、簡単に沈んでしまう。心も一緒。いつの間にか心に贅肉を沢山つけてしまうと、自分を見失って、世の中という水の中で浮かぶことができなくなるの。

せっかく生まれ変わったのだから、二度と贅肉を付けず、流れに身を任せてみたら」

「どういうことでしょうか」

「簡単だわ。残された一ヶ月を、すべて受け入れて過ごすことよ。素直に、正直に。そうすれば、きっと営業の神さまがあなたを導くんじゃなくて」

「……」

「私は、営業のことは全く分からないけど、この世に存在するすべての仕事は、お客さまの問題解決をするために存在しているはずよ。

あなたは、コピー機を売っているのではなく、多くの人が読んで感動できる資料を大量につくったり、なにかを誰かに伝えたいと願っている、その人のお手伝いをしているわけでしょう」

「はい……」

「それに集中すればいいんじゃないのかしら。私たち幼稚園もそうなの。少子化で子供が少なくなり、近隣の幼稚園で園児の取り合いが起こっている。

すると、広告費を掛けたり、宣伝方法を考えたり、いつの間にか商業ベースで園の運営を考えるところが多くなったわ。効率化とか合理的に……って。

私たちは、その競争には参加せず、それを遠巻きに眺めていたの。

子供たちのための幼稚園作りだけをしようと。

毎朝、笑顔で通いたくなる幼稚園。帰るときも笑顔で。

早く朝が来ないかなぁって、子供たちがワクワクするような幼稚園をつくろうって。

そうしたら、いつの間にか、この地域でここだけが子供で溢れる状態になったの。宣伝も広告もなにもしなかったのに。

きっと、どこにでもその道の神さまがいて、大切なことはなにかを忘れないでいる限り、いつも優しく導いてくれるのじゃないかしら」

「神さま……ですか」

早田は白い羽を思い出していた。

あのメッセージは、やっぱり神さまからのメッセージだったのかもしれない。

「さっき、人は想いでつながるっていったでしょう。小笠原君の受け売りなんだけど……。

彼がいうには、お客さんは『モノ』にお金を払う人はいないそうよ。

みんな『想い』にお金を出して下さるのですって」

「想い、にですか」

「ええ。その商品が誕生した想いだったり、その商品を作っている人の想いだったり、それを売る人の想い。

その想いに対して無意識にお客さんは反応して、『欲しい！』と思うといっていたわ」

なんとなく分かるような気がする。

結婚前に早田は厚子と二人で出掛けた銀座のあるお店で、古いラジオを買ったことがある。

そのお店はリサイクルショップだった。並んでいる商品はすべて中古品。カップもあればアクセサリーもあり、わけの分からない置物の類から、靴や帽子まで様々なものが並べられていた。

ただ、変わっていることに、すべての商品に、このお店に持ち込まれるまでのストーリーが書かれていた。

二人で気になる商品を見つけてはそのカードを読んで廻った。

そして、ラジオの前でカードを読んだとき、早田はそれを買っていた。

『このラジオは私が中学生になったとき、今は亡きおじいちゃんが買ってくれました。友だちと喧嘩した夜、初めて人を好きになった日、悲しくて一人布団の中で泣いていたとき、いつもラジオを聴いて過ごしました。青春を共に歩んでくれたラジオです。ラジオ好きは大人になっても変わらず、今も毎日聞いています。先日娘が成人しました。そして、新しいラジオを「今日までありがとう」といってプレゼントしてくれました。このおじいちゃんのラジオをどうしようか悩みましたが、もし、寂しい夜を独りで過ごしている方がいたら、その人へ譲ることが一番だと考え出展します』

寂しい夜を過ごしてはいなかったが、アンティーク調のそのラジオとメッセージにロマンチックな想いが重なり、つい衝動的に買っていたのだ。

「早田さん」

「はい」

「私は、あなたのことは、よく知らないけど、私は、小笠原君を信頼しています……。だから、その小笠原君が紹介してくれた、あなたを私は信じるわ」

「園長先生……」

**もうやめよう、明日を不安に思うことを。**

「毎朝、目が覚めたとき『只今誕生』って声に出していってみるといいわ。毎朝、生まれ変わっている自分に気がつくから」

「はい」
元気な声で返事をしていた。

**もうやめよう、希望を見失うことを。**

「あなたが過ごしている今日という日は、昨日亡くなった人が、あれほど生きたいと願った一日なの。だから、残りの日々をあきらめないでやってごらんなさい」
「はい」

**もうやめよう、不可能だなんて思うことを。**

「あなたが無駄に過ごす一日、虚無の中で過ぎ去る一日、嘆く一日、イライラする一日、悲しむ一日、憂える一日、幸福を感じる一日、嬉しい一日……、すべて同じ一日。もう一ヶ月しか残されていないのではなくて、まだ一ヶ月も残っているじゃない」

「はい」

**もうやめよう、愚痴をいうことを。**

「本当に丁度良かったのよ。

不思議ね、人生を振り返ってみると、良いことも悪いことも、すべて丁度良いタイミングで訪れていたの。

そのときは、なぜって思える嫌な出来事も、時間と共にその経験が生かされる場面と出くわすの。無意識の中ですべてがつながっているのね。

そう、すべてが『丁度よい』タイミングで訪れているのね。

これからは、なにに対しても『丁度よかった』って口に出してみたら」

「はい」

**もうやめよう、否定することを。**

後、三台……、あと三台で、自分は営業という職業を本当の意味で自分の手することができる。

なんだか、それができそうな気になっていた。

「園長先生……」

「やってごらんなさいよ、残り一ヶ月間」

「はい」心から返事していた。


**もうやめよう、あきらめることを。**


「あなたにとって、すべて必要な経験として、神さまが与えてくれているのね。丁度よかったじゃない、このタイミングで出会えて」

「はい」

園長先生がティッシュを手渡してきた。

早田はいつの間にか泣いていた。

「園長先生……」

「なに？」

「ありがとうございます」

「どういたしまして」

「小林さんや、小笠原さんが、一生懸命築かれた園長先生との『ご縁』に甘えさせていただきます……」

「なによ、もっと元気に笑顔で声を出さなきゃ。そんな声じゃ『縁』がどんどん逃げて行くわよ」

少し強い口調で、園長先生は早田を叱りつけていた。

# 八　ご縁は人生の宝物

驚いた顔を本部長は隠そうとはしなかった。

開け放たれた窓から新芽をまとった木々の吐息が漏れてくる。

「早田、おまえ……」

「本部長、残り三週間、最後までやらせて下さい」

早田は契約書を手渡し、深々と頭を下げた。

「いや……、それは、もちろん……」

「ありがとうございます」

再び頭を下げクルッと背を向け自分のデスクへと戻った。

後ろ姿を、本部長は口を開けたまま見送っていた。

名刺入れからコンプトン工業の名刺を探し出し、早田はダイヤルを押した。

お礼をいわなきゃ……。

今朝の天使の声の内容を思い出しながら、早田の顔は緊張と感謝の入り混じった複雑な表情になっていた。

ただ、お礼の電話を入れるだけなのに、妙に緊張する。
呼び出し音と一緒にドキドキと鳴る鼓動を聞いていた。

To: Yasushi Hayata

Subject : **今日のひとこと。**

早田さん、おはようございます。


**縁の根源を忘れないこと。**

**縁の始まりに感謝を忘れないこと。**


人の出会いには必ずきっかけがあります。

誰かがあなたのために動いて下さった結果です。

その人への感謝を忘れてはいけません。

「井戸を掘った人を忘れない」ということばがあります。

すべての根源をいつまでも大切にできる人に
「ご縁」はついて廻ります。

見返りや、お返しを期待してご縁を下さったわけではありません。だからこそ、その人に対して感謝を忘れない人にならなければいけません。

かけた恩は水に流し、受けた恩は石に刻むこと。


それでは今日もポジポジでいきましょう！

小林は既に外出していたが、運よく小笠原がつかまり、今日のお昼を一緒にとる約束をした。

小笠原は、午後から講演会に出席する予定なので、その開催場所になっている中野で少し早めのランチを一緒にとることになった。

早田は遅れてはいけないと思い、約束の時間より一〇分早く待ち合わせ場所に到着したにもかかわらず、既に小笠原は先に来て待っていた。

「すみません、小笠原さん」

頭を下げながら小走りで小笠原の元へ向かった。

「いいえ、気にしないで下さい。まだ約束の時間にはかなり早いですから」

「でも、お待たせしちゃったみたいで」

「クセなんです」

「えっ？」

「早く来て『待つ』というのが、僕のクセなんです」

小笠原は逆に恐縮したような顔で頭を下げてきた。

「昔、師匠にいわれたんです。待つほうは待たせるほうの三倍時間だって」

「三倍時間？」

「ええ、ほんの少しの時間でも、待つほうは三倍の長さに感じるものだって。それからは待たせるのではなく、常に待つ側になろうと決めたんです」

早田は正直に驚いていた。

「どれくらい前から待っていてくれたのですか」

「そんなに気にしないで下さい。ただ、同じ営業マンとしてタネ明かしをすると、三〇分前に一度待ち合わせ場所を確認するようにしています。それから商談に適した喫茶店なんかを下見して、十五分前に再び待ち合わせ場所に戻っているようにしています」

「いつも……ですか」

「ええ、よっぽどのことがない限り」

「すごい……」

「でも、これくらいのゆとりを持って行動していると、人に対して優しくなれるんです」

「人に優しく……ですか？」

突拍子もないことをいう小笠原に、早田はついていくのがやっとだった。

「僕たちって、アポからアポに追われているじゃないですか」

それには同意できなかった。早田の行動予定にアポが入っていることなどほとんどないからだ。

早田にとっていつも時間を持て余すことはあっても、時間に追われることなど皆無に等しい。

「時間にゆとりがないと、ホームの階段を駆け抜けたり、人の背中を押し退けたりするように歩いてしまいますよね。せかせか、せかせか、と。

あるとき、大きな荷物を背負っているお婆ちゃんがいたんです。杖を突きながら、ホームの階段を本当に辛そうに昇っていたんです。

僕は、とても気になったのにアポの時間に遅れそうで、その横を駆け抜けてしまいました。

でも、その後、ずっとそのお婆ちゃんのことが頭から離れず、プレゼンに集中できなかったんです。

結局商談はまとまりませんでした。罰が当たったんですね、きっと」

そういって早田を見つめる小笠原の笑顔に一瞬引き込まれそうになった。

なんて素敵な表情をするんだろう……。

「早田さん、お腹の空き具合はどうですか？　もし、軽くでよかったら、喫茶店へ行きましょう。軽食しかないんですが、この近くに思い出の場所があるんです」

思い出の場所、というキーワードに魅せられてしまい、早田はふたつ返事で了承していた。

中野サンプラザを左手に、中野通りを哲学堂公園のほうへ向かって進んだ。

「ここです」

小さな入口。奥は二階へ続く階段になっていた。

「懐かしいな……」

小笠原はひとり言をつぶやきながら、早田を誘《いざな》って階段を昇っていった。

入口は小さかったが、中は程よい広さの喫茶店だった。窓際の奥のボックス席に迷わず進む小笠原の後に続いて早田も席についた。

「早田さん、あなたは誰を幸せにしたいのですか」

「えっ？」突然の問い掛けに戸惑ってしまう。

「あははっ、ごめんなさい」

そういって、またニコッと笑う小笠原に、早田は急に親近感を覚えずにはいられない。なんだろう、この魅力は……、と考えさせられる。

「実は、ダメダメ営業マンだった僕は、ここである人から十一個の魔法を教わったんです」

「十一個の魔法？」

「ええ。全部で十二個あったんですが、直接教わったのは十一個まで。最後のひとつは手紙でした」

「なんの魔法を教わったんですか」

「営業の魔法です」

「営業の……魔法？」

「ええ。その魔法は、とても分かりやすく、具体的でした。学んだ当初は僕のような初心者向けの魔法だと思っていました。

でも、あれから十年が過ぎた今、営業の経験を積めば積むほど、あのとき教わった魔法の深さに驚いています。

そして、営業において、さっきの『あなたは誰を幸せにしたいのですか』という問い掛けがすべてのゴールだったと知りました。

そのレクチャーを受けた場所が、この喫茶店……このテーブルなんです」

注文を取りにきたウエイターに、小笠原はホットサンドを頼み、早田もそれにならった。

「十年前、僕はダメダメ営業マンだったんです」

とても信じられないことばだった。

「いつも、もがき、苦しみ、数字から逃げ廻ってサボる毎日でした。そんなある日、すごい人に出会ったんです。

その人が僕のお師匠さんになって下さって……。それで、僕の今があるんです」

「いいなぁ、僕は営業職について二年が過ぎますが、そんなお師匠さんには出会うことができませんでした」

「そんなことはないはずです。今までに、何十人、何百人というお師匠さんに出会っているはずです。ただ、自分が学ぼうというアンテナを張っていない限り、気づかないものかもしれません」

学ぼうとは思っていた……。いや、やっと思い始めていた。しかし、ときすでに遅しかも知れない。残されている時間は三週間なのだ。

「それより小笠原さん……」

早田は、今日の目的をやっと思い出したかのように改まって小笠原に深々と頭を下げお礼を述べた。

「そんな、気にしないで下さい。逆に助けられたのは我々なんですから……」

そういって握手を求めてきた。「これでおあいこにしましょう」と。

二人は力強く手を握り合った。

「あっ、そうだ……早田さん」

「はい」

「この後、なにか予定あります」

「いいえ……別に……」

予定のない自分が一瞬恥ずかしく感じ、語尾が尻つぼみになった。

「丁度良かった」

「えっ」

昨日、園長先生に聞かされたセリフ「丁度良かった」を小笠原が口にしたことに驚いた。と同時に「丁度良かった」といわれると、なぜかウキウキしてしまうことを知った。

「これから中野サンプラザで、営業についての講演会があるんですが、良かったら一緒に行きませんか」

講演会……。学んでみたかった。しかし、今の早田の財力では……。

「チケットが二枚あるんです。後輩と行くはずだったんですが、急な用事だとかなんとかいって逃げられちゃったんですよ。捨てちゃうのも勿体無いし、行きましょう、一緒に」

「でも、そんな……」

「早田さん」

「はい……」

「人は、出会うとき、出会うべく人に、一分一秒のずれもなく出会うんです。この講演会も、早田さんにとって必然の出来事なんですよ、きっと」

「必然……」

「師匠からの受け売りなんですが……」

照れたように笑う。やはり引き込まれそうになる。

「出会いは人生の必然です。その中でも、ご縁は人生の宝物です。僕たちは出会うべくして出会ったんですよ」

運ばれてきたホットサンドを頬張って、二人は中野通りを挟んだ向かいにそびえる中野サンプラザを窓越しに見上げていた。


会場はすごい熱気に包まれていた。

あらゆる世代のビジネスマンが集まっている。講演会なるものに早田は参加するのは初めてだった。

「どこに座るんですか……」

「前です」

「後ろのほうがよくありません」

「なにいっているんですか。せっかく勉強するんだから、前へ行きましょう。僕たち営業マンは、話し手がどんな表情で話すのかを、しっかり学ばなきゃいけませんよ」

「表情を?」

「ええ。なにを伝えるかより、どう伝えるか、を勉強するのが講演会です。言い方を変えると、生意気なようですが内容は二割でいいんです。どんな表情で、どんな構成で、どこへ落とし込むのか、それがとても大切なんです。プレゼンと同じだと思いませんか」

丁度、前から三列目に二席空いている座席があった。

小笠原は早田の手を引くようにそこへ座った。ほぼ、正面に近い場所だ。ステージの真ん中に演台が置かれ、後ろの壁に「営業から永業へ」という看板が下がっている。

こんな前に座って、眠くなったらどうしよう……、と早田はドキドキしていた。

二階席はまばらだが、一階席はほぼ満席になっている。

「すごい人ですね」

「ええ」

「いったい誰のお話なんですか」

「実は僕もよく分からないんですが、伝説の営業マンだった人らしいです。

今までずっと海外で暮らしていたらしくて、十年ぶりに日本に帰ってきたそうです」

「知らない人の講演のチケットを買ったんですか」

「実は頂戴したものなんです」

ほら、といって見せてくれたチケットには『ご招待』とスタンプが押されていた。

「だから、あまり気にしないで下さい。二人でこの時間を共有できる感動を楽しみましょう」

「はあ……」

早田は、少し気が楽になった。どうやってチケット代を返せばいいのかと気を揉んでいたのだ。

渡されたチケットの半券に講演者の名前が書いてある。

ジン・Kと。ハーフなのだろうか……。

「どこの国の方なんでしょうね？」

「アジアっぽい名前ですよね。一ヶ月ほど前、会社にDMが届いたんです。出先から戻ったら僕のデスクの上にポツンと封書が置かれていて。

広告かな、と思って捨てかけたんですが、一応開封してみたら、この招待チケットが二枚入っていたんです。

主催者の連絡先があったので問い合わせたところ、十年ぶりの講演なので、ご都合があえば是非って」

「怖くないですか、そういうの」

「人には会ってみろ、飯は喰ってみろ、です」

「なんですか、それ」

「理屈の前に、まず行動しろって、昔、いわれたんです」

クスクス笑っていた。

「お師匠さんに？」

「いいえ、これはお客さまに教えられた格言です」

そんな会話を繰り返しているうちに開演時間になった。

ベルの音が鳴り響き、ざわついていた会場が静まりかえる。

と同時に照明が落とされ、わずかに隣の人の顔を確認できる程度になった。

場内に音楽が鳴り響く。盛り上げる演出のようだ。

早田は、なんだか気障だな、と思いながらも胸がときめいていた。

音楽がクライマックスに差し掛かったとき、一度完全に灯りが消え、場内が真っ暗闇になった。

そして、音楽も最高潮のタイミングに入った瞬間、みごとなタイミングでスポットライトが照らされた。

そこに忽然と一人の男が立っていた。

「えっ」

小笠原が腰を浮かせる。

「そんな……」

肘掛に両手をついて半身を起こしていた。

今にも立ち上がるような勢いで……。

「どうかしましたか」

早田の声が届いていないかのように、小笠原の目はステージに釘付けとなっていた。

『皆さん、こんにちは。ジン・カミヤと申します』

マイクを通してスウッと響く声が届いた。

「紙谷……さん……」

小笠原の目が見開かれている。

「小笠原さん、大丈夫ですか？」

早田が顔を覗き込むと「ええ、大丈夫です」とささやき、小笠原は潤んだ眼をして笑っていた。いや、笑いながら泣いていた。

「早田さん、今日は、ゆっくり……、しっかり、聴きましょう……ね」

涙を拭わず正面の演台の人物をジッと見つめたまま、小笠原は深く座りなおし、

そして……静かに眼を閉じていた。

# 九　時間管理

ジン・カミヤは、マイクを通して挨拶を終えると会場内に誰かを探すかのように、ゆっくり、ゆっくり、客席を見廻し長い『間』をとっていた。

あまりの長さに、会場内の誰もが一瞬トラブルかと静まり返った。

全員が注目する。

その瞬間を待っていたかのようにジン・カミヤは話し始めた。

『営業という職業に就ける人というのは神さまに選ばれた人だけです。

今、なんらかの形で営業という職業に関わっている皆様は、全員、間違いなく神さまに選ばれた方です。

あなたも、あなたも、あなたも……。

ここにお集まりの皆さまは、全員、神様から選ばれたことを知ってください』

ジン・カミヤの第一声に早田は耳を疑った。それは、天使の声とまったく同じことばだった。

「どうして?」

その答えを求める如く早田はいつの間にか身を乗り出し、ジン・カミヤの講演に聞き入っていた。

『営業から永業へ。これから皆さまに永業についてお話をさせていただきます……。

まず初めに九つの質問をさせて下さい。

これからの質問は簡単にお答えになれるはずです。

しかし、その答えが、この講演後に大きく変わるかもしれません。

最初の質問です。

**あなたは何を売っていらっしゃいますか?**

二つ目です。

**お客さまは何を買って下さっていますか？**

三つ目、

**あなたが売っているものとお客さまが買っているものは同じですか？**

四つ目、

**あなたは何屋さんですか？**

少し余談なのですが、先日、トヨタの方とお話をしました。

そのとき、「トヨタって車屋さんですよね？」という話題になったのですが、

メーカーの方は「違う」とおっしゃるんです。

「私たちは車を作っているのではない」と。

「ではなにを作っているのですか？」そう訊ねると、

「我々は動くリビングを設計しています」といい切りました。

自由に好きな場所へ移動できるリビングです、と。

「ホンダとトヨタの大きな違いが分かりますか？」

逆に質問されました。

「私たちは動くリビングを作っていますが、ホンダさんは動くプライベート空間を作っています。

私達トヨタ車は内装に凝るんです。シートもふかふかに、オーディオも高価にします。できるだけ高級感のあるウッディー調に仕上げ、リビングにいるようなくつろぎを演出します。

その一方でホンダさんはプライベート空間を作っています。

ですからドライバーの方がハンドルを握り、ここは自分だけの空間なんだ、自分だけの書斎なんだ、とイメージを鮮明に打ち出せるドライビング空間をコンセプトにしています。ですから、私たちはライバルでもなければ、お互い同業とも考えません。まったく違う事業を仕組み化し、まったく違う市場へ販売をしているのです」と。

さぁ、「私たちは何屋さん」なのでしょうか？

五つ目です。

**あなたのお客さまは誰ですか？**

六つ目は、

**お客さまにとって本当に価値のあるものは何か？**

七つ目、

**お客さまは何にお金を払って下さっていますか？**

八つ目はちょっと嫌味な質問なのですが、

**お客さまから見てあなたは誰ですか？**

そして九つ目……、最後の質問です。

**なぜあなたは営業という生き方を選んだのですか？**

この九つの質問に関して、これから一緒に答えを探していきましょう』

会場内がざわついていた。

仲間と連れ立って来ていた者同士は小声で囁き合っている。

早田もメモを走らせながら、小笠原に意見を求めようとしたが、小笠原は眼を閉じたまま眠っているように身動きひとつしなかった。


『これらの質問は、一年、二年、三年……と問い続けなければならない質問です。

営業職に就いた自分へ、日課の如く問い続けて下さい。

トップ営業であり続ける人は、この九つの質問に対し、明確な答えを持っています。

私達は生まれてから、なにかのご縁や、なにかの必然に導かれ、この営業という世界に入りました。

そのきっかけはなんでしたか?

営業という世界に足を踏み入れたきっかけを作ってくださった、そう、最初のご縁を作ってくださった方は誰ですか。

そこに遡ってください。

なぜ自分がこの世界に入ったのだろうか。

そのきっかけを作ってくださった方への感謝からスタートしなければ、答えはみつかりません。

私たちは有り得ないことの連続で今があります。

逆の言い方をするのならば、この世には当たり前のことはひとつも無いのです。すべて、本当に有り難いことだらけなのです。

生まれて、生きて、死ぬ……。その中で、生まれることと、死ぬことはコントロールできません。

しかし、「生きる」ことだけはなんとでもできます。

生きる中で、仕事を得、その仕事を通して色々な方たちと出会い、そしてその方たちと様々な喜びを分かち合うことができ、毎日ワクワクして過ごすことができる。

私たち営業職の者は、唯一コントロールできる、この「生きる」という部分をしっかり見据えなければいけないのです。

その、営業職で「生きる」という大チャンスを最初に与えて下さった方へ、感謝する心がなければ、トップ営業には決してなれません。

さて、営業職として「生きる」ために必要な「四つの自己管理」という軸があるのですが、それについて、まず、皆様と考えてみることにしましょう』

## 四つの自己管理

『一つ目が**時間管理**です。

二つ目が**金銭管理**。

そして三つ目、**健康管理**。

四つ目が**環境管理**。

この四つを自らきっちりとコントロールしていくことが、「生きる」すなわち「生かされる」ことです。

まず時間管理ですが……

『「オギャ」と生まれ、「バタッ」と倒れる日まで、何日あるかご存知ですか？

私達の一生というものがいったい何日あるのか？

三万日です。この三万日の中に六つのステージが用意されています』

## 六つのステージ

**ファースト・ステージ**（生まれてから五千日。**十四才**）

**セカンド・ステージ**（五千日〜一万日。**二十七才**）

**サード・ステージ**（一万日〜一万五千日。**四十一才**）

**フォース・ステージ**（一万五千日〜二万日。**五十五才**）

**ラスト・ステージ**（二万日〜二万五千日。**六十八才**）

五つ目のステージがラスト・ステージなのです。

そして六つ目のステージは、**神さまからの贈りもの**（二万五千日以降）です。

この六つのステージから私達の三万日は構成されています。
それでは、ひとつひとつのステージの使命を説明しましょう』

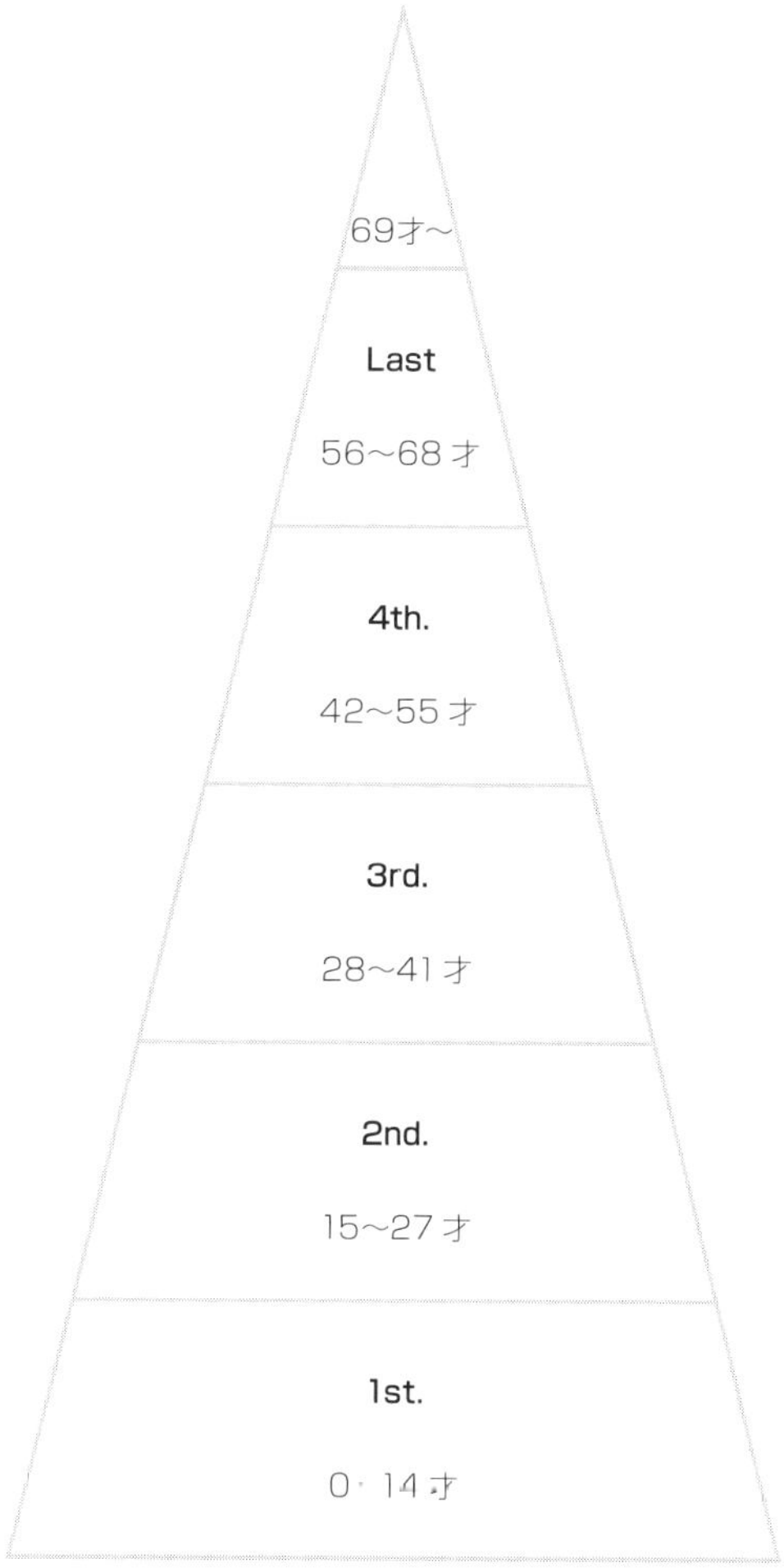

## ファースト・ステージ

『ファースト・ステージの使命は「感謝」です。

このときに感謝の心を身につけておかなければいけません。

感謝とは感性のことをいいます。

私たちは、全員が元々感性を持って生まれてきます。感性が鋭い、とか、感性が豊か、素晴らしい感性、などと使いますが、果たして感性とはなにか？

目に見えないものを感じる力をいいます。

畏敬の念です。

私たちは神さまの存在を信じる力を持っています。

しかし、神さまは目に見えません。神さまは感じるものであって見るものでありません。

見えなくともいらっしゃると感じられる力、それを感性といいます。

トップ営業の人は、ファースト・ステージを過ぎた今も、この感性を持っている人なのです。

神さまが存在するのかしないのかを大人は議論するのは無意味です。

子供たちは、喜んで議論しますが、私たち大人は、居ても居なくても、実はどちらでもいいのです。

それよりも、居ないより居たほうが人生を豊かに暮らせることを知っています。

居てくれたほうが自分達の人生が豊かになり幸せになることを知っています。

居てくれることによって自分達が律せられることも知っています。

であれば、居るのだと信じる力を強く持つことが大切なのです。

悪いことをしたら罰が当たると信じる力、それを感性といいます。

古《いにしえ》から八百万《やおよろず》の神が日本には存在していました。感性が衰え、いつの間にか目に見えないものを信じられない、鈍感になってはいませんか？

二～三才の子供とお風呂に入りますと、必ずお風呂場で「おしっこ」っていいます。

そのときにどうするか？

トイレに行きなさい、といっても間に合うものではありません。

そのときは「お風呂の神さまごめんなさい」といってさせてあげる。

原っぱでおしっこをするときも「原っぱの神さまごめんなさい」と。

テストで良い点をとったときなどは「すごいね。頑張ったね」と褒めるのではなく、「亡くなったおじいちゃんが得意の科目だったから、多分おじいちゃんが導いてくれたんだね。感謝しようね」と。

この見えない存在が常に自分達の周りにいるんだ、ということを感じられる人は、どのような苦境に立たされようともへこたれません。

強い営業職の人は、自信があるのではなく、守られていることを知っています。生かされていると信じています。

見えないからこそ、感謝するしかないことを知っています。

自分だけの実力なんかじゃない、いつも守られている。

いつも助けられている。

その念が謙虚な生き方を呼び、お客さまに愛される豊かな人間力の原点となるのです。

「自分、自分、自分」と自分のことばかりを考える大人が世の中に溢れていますが、「自分、自分、自分」と自分のことばかりを考えていると、独りぼっちになってしまいます。

「あなた、あなた、あなた」というように考えている人は、いつの間にか仲間に囲まれています。

この「あなた」という考え方ができる人、つまり二人称で物事を考えられる人というのは、いつも「ありがたいな」とか、「お陰様です」とか、「有り難うございます」というように、必ず誰かのお陰で今があると、自然に自覚し感謝できる人なのです。

私たちは、もう一度この感謝の念を真剣に受け止め、感性を磨く努力を惜しまず、使命を全うする……。

それがファースト・ステージです』

## セカンド・ステージ

『セカンド・ステージは、学んで、学んで、学び抜くステージです。

徹底的に学ぶステージ。
広辞苑で「学ぶ」ということばを引くと、——まねてする——と出てきます。
学ぶことは真似ることです。
電話の上手な人の電話のかけ方を真似る。
名刺交換の上手な人の名刺交換の仕方を真似る。
服装の素晴らしい人の着こなしを真似る。
清潔な身なりの人の身だしなみを真似る。
笑顔を真似る。
口癖を真似る。
行動を真似る。
表情を真似る。
色々なことを徹底的に真似るのです。
真似ることが学ぶことです。
その中で最大の学びはなにか、というと本物に触れることです。
本物を真似るのです。

三流、四流を真似てもダメなのです。

本物を見る、触れる、真似る。

パリではなぜ一流の画家が育つのか……？

それは、パリには一流の芸術家が居るからです。

百枚の三流の絵を見る位なら、たった一枚の本物の絵を見る。

偽者のロレックスを腕にする人は、本物のロレックスが分からない。

しかし、本物のロレックスする人は偽者を見分けることができます。

本物を知らないまま過ごすことは、最大の学びを放棄するに等しいのです。

家でＤＶＤ鑑賞をして「映画好き」といってはいけません。

月に一回は映画館に足を運んでください。

本物への投資を怠ってはいけません。

営業職では常に目に見えないものを見る力、感性を養わなければならないのですから、毎月一回は本物に触れる時間をつくって下さい。

映画館で映画を観る。

美術館へ行く。

図書館で触れたことも無いような歴史書に目を通してみる。

ミュージカルや舞台、ライブなどの生に触れてみる。

それが学びです。

月に一回本物に触れる日を作らなければ感性停止状態になってしまいます。

買わなくてもいいから、高級ブティックで最高級のシャツやスーツに触れてみるのもいいでしょう。

一流といわれるものが、なぜ一流たるかを肌で感じるのです。

その習慣を作ることが学びのステージです』

## サード・ステージ

『そしていよいよ実践を迎えます。

サード・ステージは「実践」のステージです。

学んで、学んで、学び抜いたことを、今度は実践していくのです。

このときのキーワードは「挑戦」です。

チャレンジャーです。「成功の反対はなんですか」と質問すると「失敗」と答える方が数多くいますが、違います。

成功の反対は――なにもしない――ことです。

「やらない」ということです。

営業の世界では、成功も失敗も同意語です。

行なった結果なのです。

動いたから、成功したり失敗したりするだけです。

この実践のステージでは、おもいっきりチャレンジャーであること。

挑戦するから結果が生まれる。その結果が、たまたま上手くいったなら「成功」で、拙《まず》かったら「失敗」だというだけです。

はなから失敗を恐れてなにもしない人は、永久にトップ営業にはなれません。

また、仮に失敗しても、その失敗を反省する必要もありません。

反省しているほど人生は長くないからです。

三万日しかないのですから、ドンドン、ドンドン進んで下さい。

この実践のステージで失敗を経験しておかなければ、次のフォース・ステージに入ってから大変なことになるのです』

## フォース・ステージ

『人生の「構築」に入るのが、フォース・ステージです。

ここではもう失敗はできません。

四十二才から五十五才を迎えるまでの期間です。

人脈を築いたり、財産を築いたり、ノウハウを完成させたりと、ありとあらゆるものを形に変えていくときです。

ここで失敗すると、今度はなかなか取り返すことができなくなってしまいます。大変なことになってしまうのです。

ですからサード・ステージのときに、嫌というほど失敗と挫折を繰り返す必要があります。

サード・ステージで動き回って撒いた種が、このフォース・ステージで芽を出し、花を咲かせるのです。

構築のステージの前に形にしようと、若いときは焦りがちですが、なかなか形にならないのは、その使命がきていないからなのです。

実践のときに、失敗に次ぐ失敗を繰り返した者だけが、ここで形を残せます。

「お前はアホか」と馬鹿にされ、周りからへこまされ、要領が悪いと叱られ、ドジと呼ばれ、なんで自分はダメなんだろう……、なんで自分は上手くいかないのだろう……と悩んで、悩んで、悩みぬいた人が、フォース・ステージでは大逆転するものです。

このステージでよく聴くことが「生まれた意味が分かった」とか、「自分の存在理由と出会った」ということばです。

私たちは全員、生まれるときに「人生の封書」を受け取って生まれるそうなのですが、その封書はこのステージに来なければ開封できません。

子供の頃、自分はなんのために生きているのか、という疑問を誰もが抱きましたよね。

その答えは、この人生の封書に記されています。

大学教授にまでなって痴漢をしてクビになったり、警察官になって強盗を働いてしまう人がいたり、大人なのか子供なのか、分からない人が最近目立ちますが、挫折や失敗を経験できずにこのステージへ入り込むと、人生の封書を開けることができないのですね。

過ぎ去りし日を思い返したとき、胸に去来するものというのは、快楽に溺れた日々ではなく、苦しかったこと、辛かったこと、頑張ったこと、やり抜いたこと、汗を流したことにあるのはこの原理からなのです』

## ラスト・ステージ

『いよいよ、ラスト・ステージです。

このステージは「還元」です。

ここが人生最大の見せ場です。

正に輝く背中、尊敬される背中を世に残すときです。

構築のステージで、どんなに大きな家を建てたとしても、それをお墓へ持っては入れません。

どんなに素晴らしい車を何台も所有してもお墓には不要です。

どれだけの大金を蓄えても、世の為に使わなければただの埋蔵金です。

先日、ハワイで七十才の男性からこんなことをいわれました。

「ちょっと聞いてくれ」

「なんでしょう」

「俺は死のうと思うんだ」

「どうしたんですか？」

その人は、アメリカで名の知れた資産家の一人です。

その彼が「死」を考えているというのです。

私の中で、彼は幸せな資産家としてのイメージしかありません。

「なぜ死にたいなどと考えているのですか」と聞くと「去年、二千億円の資産価値のあった有価証券が、二百億円に暴落してしまった」というのです。

考えてみて下さい。

お金っていったいなんの為にあるのかを。

その方が百才まで生きたとして、残り三十年。

資産が減ったとはいっても、二百億円あります。

この金額は、毎日使い続けたとしても、一日、百八十万円を消費しなければ使い切れない金額です。毎月、毎月、五千四百万円ずつ……。

毎日、とにかくこれだけのお金を使い続けられるのです。

それでも最後に三億円も残る金額が二百億円です。

残りの三億円だけでも、日本の普通の家族なら一生暮らせます』

会場から、ため息混じりの笑いが起こっていた。

『それならば、有価証券として凍り漬けにするより、さっさと現金に変えて次世代の育成や社会貢献にドンドン還元すべきだったのです。

すべてを還元してください。

還元するチャンスを神さまは、ちゃんと用意して下さっているのです。

知識、人脈、知恵、技術、そしてお金……、様々なものを次世代へ還すときなのです。

すべてを引き渡して、身軽になるために与えられたステージがラスト・ステージです。最後の使命を果たすときです。

構築したもの、作り上げたものを後輩たちへ引き渡していく。

この「還元」では、子供たちのお手本となるときです。

大人たちが、輝く背中、尊敬される背中を見せることで、子供たちがドンドン輝き出します。青臭いこと、甘いことを堂々といい、子供たちを導くことが一流の大人です。

そして、このステージに立って、初めて「夢」を語るのです。人生において真に大切なものはなにかが分かってからこそ、子供たちのために真の夢を堂々と聞かせるときです。

つまり、トップ営業の人は「還元」に命を燃やし、「還元」できるものをしっかり構築するのです』

## 神さまからの贈りもの

『最後の六つ目のステージです。

ここは「奉仕」という使命のステージです。

なぜここに奉仕が出てくるかと申しますと、この三万日を迎えられることは奇跡以外のなにものでもないからです。

まさに、神さまからの贈りものなのです。

命を削って生きてこられた方は、神さまからの贈りものを受け取ることができずに、人生を終えられる方も勿論いらっしゃいます。

逆に三万日よりも永く生きられる方もいらっしゃいます。

これは神さまが与えて下さった最後の役割なのです。

ですから、このステージは奉仕をするだけなのです。

感謝に生まれて感謝に還るのです。

私たちは、この六つの使命を持って、三万日をひとつひとつのステージとして、一所懸命過ごすだけです。

生まれて、生きて、死ぬ、というこの法則の中で、唯一コントロールできる「生きる」を、使命を持ってやり抜くために「生かされ」ているのです。

自分が生きている時間《とき》を考えるのではなく、常に私たちが人生を終えた後の時間を作るために、今を「生かされている」と感じなければいけません。

次に残る人が、その次に残る人へとバトンを繋いで行く。

それが営業という職業の倫理観です。

そう、時間管理とは、自分自身の（三万日の）使命を踏まえ、お客さまが歩かれる各ステージの上を寄り添って歩くことなのです。


あなたは、ご自身の三万日でなにを残しますか？

あなたは、ご自身の三万日をどのように使いますか？

あなたは、お客さまの三万日のパートナーなのです。

あなたは、この職業で、どんなメッセージを次世代に残すのでしょうか』

## 十　金銭管理

『次は営業職にとって、お金とはなにかについてお話ししましょう。

腕の良い大工さんは、実に良い道具を揃えています。道具が良いから腕が良いともいえます。つまり、道具を大切にする心や、道具に「氣」を持っていけるからこそ一流と呼ばれるのです。

一流の料理人も同じです。良く切れる包丁をいつも用意しています。

切れなくなってから包丁を研ぐ料理人に一流の人はいません。

いつでも切れるように手入れを怠らないから一流なのです。

服装も同じです。どうせ汚れるからといって、汚い服装の料理人に「氣」を込めた料理は作れません。

では、私たちトップ営業にとって、道具とはなにか？

それは「お金」です。

私たちの道具は「お金」そのものです。

良い仕事をするために、きちんとお金の手入れをしていなければならないのです。

良い仕事をするために、お金を持たなければいけないのです。

お金というものはとてもドライなもので、お金自体に色は無く、無色透明です。

その「お金」は、悪い人が使うと悪いお金、善い人が使うと善いお金といわれます。

これは企業とて同じですね。

企業そのものに善い企業とか悪い企業というのはなく、善い社長、悪い社長、がいるだけです。

つまり、お金は人そのものを顕し、道具であるお金は、それを使う人次第でどうにでもなってしまうということです。

そしてお金は、それを生かす人の元へしか集まらないという原則があります。

ほとんどの人は、入ってくるお金に対して「氣」を配りますが、実は、出ていくお金にこそ「氣」を使わなければいけないのです』

## 出入《ではい》りの法則

『宇宙には、私たちの知識や能力や限度を超えた、大きなエネルギーの法則が数多く存在します。

地球の自転や星々の公転、重力の存在、竜巻やカミナリ。

理屈で説明できても、その根本は誰も解き明かせていません。

それと同様の法則に「出入りの法則」というのがあります。

簡単にいうと「出るのが先、入るのはあと」という法則です。

私たちは、無意識にこの法則で暮らしています。

電車もバスもエレベーターも、降りる人を先に降ろさなければ乗ることができないように……。

また、心理的にもこの法則が働いています。

人を大切にする人は、人からも大切にされます。

挨拶をする人は、多くの人から挨拶されます。

人のために動く人は、自分を助けてくれる人に恵まれます。

逆に作用することもあります。

人の過失をとがめる人は、多くの攻撃を受けるようになります。

約束を粗末にする人は、誰からも大切にされません。

このように、出入りの法則は、私たちにピタッと寄り添って作用し続けているわけです。

そして、この法則が顕著に顕れるのが「お金」です。

私たちにとって大切な道具であるはずの「お金」が、この法則で動いていることを知っている人は少ないのです。

よく陥る失敗に、収入ばかり計算するというのがあります。

つまり売上げ目標です。

今月何件の契約をいただき、幾らの売上げを出すか、という目標管理です。

入口ばかりに「氣」を配っている状態と同じで、これでは一向に売上げが伸びるわけ無いのです。

お金というのは、正しい出し方をすれば、必ず出した分は戻ってきます。正しければ正しいほど、少し仲間を連れて還ってきます。

間違った出し方をすると、なかなか戻っては来ません。

支払いのときに、払いたくないな、とか、高いな、などと思って支払う人には「お金」が愛想を尽かします。

ありがとう、と思いながら支払う人の元には、喜んでまた戻ってきます。

みなさんの財布の中に、今どれくらいのお金がありますか？』

早田はドキッとした。

自分の財布には、二千円から電車賃とさっきのランチ代を引いた額しか残っていない。

『財布の中のお金の半分を、正しい使い方で外へ出してみて下さい。心配は要りません。宇宙の法則が働いて、必ず戻ってきますから。

正しい出し方が分からないときは、迷わず募金をすることです。

募金箱の中のお金がどこへ消えていくのかなど考えることはやめましょう。

トップ営業にとって、道具の手入れとは即ち、お金の出し方そのものなのです。

お金は色々な姿に形を変えます。世間に還元したつもりでも、形を変えて持ち続けてしまっている人が多くいるものです。例えば、車に形を変えていたり、お酒に形を変えたり、自分だけの快楽に変わっていたりと。

出した気になって、還ってこないときは、このように形を変えて自分に残っているときなのです。

お金は、持つ人の人間性がそのまま形になって顕れるという怖い道具でもあります。

稼ぎ方をジッと観察してくる人はいませんが、使い方はすべての人が見ているものです。

人の財布の中身は見えなくとも、その人の使い方は見えるものです。

社員さんたちが少ない給料で働いている中で、外車に乗っている社長さんがいたりします。

売上げがドンドン下がり、業績悪化に陥る企業のよくあるパターンですが、営業職の世界でも、まったく同じことがあります。

お客さまの暮らしぶりにそぐわない、服装やアクセサリーを身に付け営業活動をしている人がいますが、悪循環を呼ぶ負の連鎖のスタートがそこに隠されていますから注意して下さい。

営業職の人、特にトップ営業の人たちは、どう稼ぐかではなく、どう使うかに「氣」を集中してください。

金銭管理とは、お金の出し方を徹底的に管理することです。

自分への投資も、もちろん必要ですが、そのときは自分自身にこう問い掛けて下さい。「この投資は、未来のお客さまのためになっているか」と。

この問い掛けを忘れさえしなければ、出入りの法則が働き、正しい売上げが勝手に伸びてくるものです。

簡単です。今日の帰り道、まずどこかの募金箱に喜んで募金をしてみるのです。

最初は喜んで募金などできないものです。

でも続ける内に心が晴れ渡るようになります。

そうなるまで続けてください。

アンテナを張ると、募金箱はいたる所にあります。

いきつけのコンビニや喫茶店に……』

## 募金道のすすめ

『まずは、金銭管理を習慣化させるために、今日から買いものの都度、十円募金に挑戦してみて下さい。

もちろん百円でも五百円でも構いません。

ただ、毎日続けられる金額でスタートすることが大切です。毎日、募金することです。

十円という金額は苦にならないはずです。財布から十円減っても辛くは無いはずです。今日、ここに集まって下さった千人の仲間たちで十円募金すると、一日で一万円になります。一ヶ月で三十万円です。一年で三百六十万円の募金になります。

すごいことです。

募金は、無色透明な「お金」が一番喜んでくれる出し方です。出した本人にとって、誰がどのように活用するか、まったく分からないところで「お金」がのびのびと活躍できますから、余計な「氣」遣いがお金に宿りません。ですから、大活躍して還ってきてくれます』

# 十一　健康管理

『三つ目の自己管理は、健康管理です。

私たちは、三六五日二十四時間、健康であることを約束し合っています。

どんなことがあっても、病気も怪我もしないという前提の元で仕事は組み立てられています。

風邪をひくことや盲腸になることを計画に組み込む人はいません。

健康であることが絶対条件で、すべての計画はそのように組み立てられていきます。

もちろん、この健康管理という軸は仕事だけとは限りません。

家族間でも同じです。

旅行の計画、キャンプの計画、海水浴、すべて前もって予定を決めますが、家族全員が健康であることが大前提です。

トップ営業は、それを踏まえた上で、徹底的に自分自身や周りの人たちの健康を第一に優先することを心掛けていなければいけないのです。

そのように考えると「心」の健康と「身体」の健康の両面が、とても大切になります。

心の栄養は、善いことばを聴く、善い文書を読むことで健康になり、身体の栄養は、口から入れる食べ物が重要になります。

そして心体両面に効く効果として、適度な運動も欠かせません。

そもそも、病というものは生き方への注意だそうです。そして、苦は人生への警告。

苦の大きさは自分の欲の大きさに正比例しています。

ですから深い欲を持っている人には深い苦が訪れ、大きな欲を持っている人には大きな苦が訪れるといわれます。

みなさんは、普段誰とどんな会話をし、普段どんな本を読み、普段なにを食べ、普段なにを飲んでいますか……。

寝不足になってはいませんか……、運動はしていますか……。

これらのことを、意識的に自分で管理しなければダメです。

特に普段使っていることばが、健康管理にはとても重要になります』

## ことばの魔法

『自分のことばをいつも聴いてくれているのは自分自身です。自分が心で思う、声なき声も自分は聴いています。

そして私たちの脳はものすごく優秀にできていますから「あっ嫌だな」と思ったことは、寝ても覚めても「嫌なのだ」と記憶してしまいます。

なにかの弾みで事情が好転し、うまくいきそうになっても、脳は「嫌だ」という感情を引き摺りますから、不快な信号を出し続け、失敗するように思考と行動を無意識にコントロールしてしまいます。

昔から「信ずれば成り、憂えれば崩れる」といいますよね。

否定的なことばは猛毒といわれる所以《ゆえん》が、昨今の脳科学で証明されたことにより、否定的なことばは極力避け、肯定的なことばを良薬として積極的に使う習慣を持つことが、健康の維持に大切だといわれるようになりました。

この否定的な言葉と肯定的な言葉というのは、すごく身近なところにあります。

「こぼしちゃダメだよ」と子供にいうと、大概こぼすものです。

「上手に食べると○○みたいになれるよ」というとこぼさない……。

「ごはん食べないと大きくなれないよ」というのも否定語なのです。

「ごはんを食べると大きくなるよ」というと食べます。

否定的な表現と肯定的な表現では、受け止める側が創り出すイメージに大きな違いが生ずるのです。

ですから「残業」なんてことばもダメです。

「さぁ、フィニッシュしよう」というんですね。

健康管理というのは普段のことばを、どんどんポジティブなことば、肯定的ないい回しに変えてしまうことなのです。

日本には謙虚な文化、遠慮の文化があります。

常に否定的に表現することが良しとされてきた文化でもあります。

お客さまの家に伺ったとき「なにか飲みます？」と聞かれた場合「いいえ、結構です」というように躾られてきました。

私たち日本人は「ノー」ということが美徳であり大好きなのです。なぜなら子供の頃から、そう厳しく躾られていますから。

ですから、営業先でもお客さまは私たちに対して、必ず最初に「ノー」といってきます。

これは躾による習慣なのです』

## 四つのイエスとノー

『イエスとノーは四つあります。

①　ノーだからノー
②　ノーだけどイエス
③　イエスだけどノー
④　イエスだからイエス

①　No & No
②　No but Yes
③　Yes but No
④　Yes & Yes

ノーだけどイエス、というのは職場でよく耳にします。

上司から「飲みに行くぞ」とか「ちょっと付き合え」といわれ、「えっ、またか……」と思いながらも「はい」という場面です。

これは「ノーだけどイエス」です。

イエスだけどノーというのは、やはりお客さまのお宅で出会う光景です。

「何か飲む?」

「いいえ、結構です」

たとえ喉が渇いていても「ノー」といいます。

②と③は、日本人にしか存在しない、遠慮、謙遜の文化です。

欧米諸国に行くと「ノーだからノー」と「イエスだからイエス」のふたつだけです。

日本人の微笑み……が理解できないと彼らがいうのは、①と④の文化しか存在しない単純表現で生きているからです。

私たち営業職は、この「イエスだけどノー」と「ノーだけどイエス」という、複雑表現を見抜かなければ、イエスなのにノーにしてしまうことにもなりかねません。

　お客さまに「イエスだけどノー」といわせてしまうのは、私たち営業職の努力不足……怠慢なのです。
「なにか飲みませんか」と問い掛けるのではなく
「コーヒーを落とし過ぎてしまったのですが、一緒に飲んでいただけませんか」と誘えば、余程のコーヒー嫌いでない限り
「それでは、せっかくなので……」とイエスを導くことができます。
　普段からこのような氣使いで、お客さまに接する習慣が大切になります』

## 行動戒《いまし》めことばと希望消滅ことば

『「部長、こういう企画をやってみようと思うんですがどうでしょうか？」

「うん……まぁ簡単ではないと思うけど、頑張ってごらん」

　これは、典型的な行動戒めことばです。

「こんなアイディアはどうでしょうか？」

「思っているほど上手くいかないかもしれないけど、投げ出さずにやってごらん。苦しいことのほうが多いかもしれないが……」

これは希望消滅ことばです。

どちらも、そういわれて「よし、頑張ろう」と張り切る人はいません。

脳の中に否定的なイメージがインプットされてしまいます。

これでは、上手くいくはずのものまで、失敗へと進んでしまいます。

肯定的なことばは無責任を心掛けることがコツです。

大丈夫、やれる、心配ない、なんとかなる、たのしそう、すばらしい、すごい、あと少し、もう完成したと同じだ……』

## 肯定的な無責任ことば

『これらはすべて裏付けのない無責任ことばです。ことばというのは最大限無責任に使うと高い効果が生まれるものです。

まだ訪れていない明日を知ることは誰にもできません。

結果はいつも未来にあります。

今取り組んでいることが上手くいくか、失敗するかは、明日がこなければ分からないのです。

それなのに、私たちは行動戒めことばに慣れ過ぎているせいか、大変だ、とか、簡単ではない、などということばに素直に反応し過ぎています。

上手くいく、大丈夫、といわれても、ピンとこないのです。

でも、どちらも、明日の結果を無責任に予言していることばでしかありません。

どうせ同じく無責任に予言するなら、肯定的な無責任が理想です。

私たち営業職のものが簡単に陥る行動戒めことばに「まず、自分が幸せにならなければ、人さまを幸せになどできない」という思考の落とし穴があります。

これは、裏を返せば、自分ですらまだ「幸せ」をつかんでいないのだから、自分より先に人が幸せになってはいけない、と脳にインプットしているのと同じです。

仮に自分が幸せであれば、人様を幸せにできるのなら、既に自分は幸せなのだと無責任に決めてしまえばいいのです。

自分も幸せになれるし、他人はもっと幸せになれる。

幸せに暮らすなんて簡単だ。

大丈夫、誰だって幸せになれる。

このようなことを無責任に発言して、誰か文句をいうでしょうか。

実は、肯定的な無責任ことばは、人に希望を与え、やる気を生み、ワクワク感が漲り、人に大きな喜びを与える魔法を秘めているのです。

この肯定的な無責任ことばが最大の効果を生むのは「相談ごと」のときです。

人は相談をしに来ます。

相談者は既に答えを持っています。

自分で出した答えが正しいかどうかの確認行為を「相談」といいます。

相談とは、聞いてくれる相手が自分の理解者かどうかを確認する作業なのです。

営業職を長くしていると、必ずお客さまから相談を持ち掛けられるようになります。

若い営業職は、懸命に適切なアドバイスをしようと頑張りますが、その必要はありません。

何度もいいますが、お客さまは答えを持っているからです。アドバイスを求めているのではなく、自分を理解してくれる人を探しているだけです。

ですから無責任でいいのです。

相談に来られたら、「すばらしい」といってあげるだけでいいのです。

「大丈夫、あなたならできる」といってあげるだけで。

「心配ない」といい切ってあげることで、どれだけその人は救われることでしょう。

「なんとかなる」と微笑むだけで、その人にとっては勇気百倍です。

何度も繰り返しますが、肯定的な無責任であるべきです。

責任を持つ必要はないのです。

なぜなら、人は自分の生き方に責任を持っていますから、人様の生き方にまで責任を持てという人はいません。

そんな理不尽を要求する人は、そもそも世間が相手をしなくなります。

であれば、自分の生き方にきちんと責任を持ってさえいれば、人に対しては「大丈夫」「なんとかなる」「心配ない」といってあげるだけでいいのです。

すると、その人は「本当?」「そう?」と心が健康になります。

実は、健康な心の状態でいる人を自信のある人というのです。

自信というのは「自らを信ずる」と書きますが、自分で自分を信じられる人はこの世にひとりもいません。

自分を信じてくれる人がどれだけいるかでその人の自信というものが構築されます。たったひとりでも、自分を信じて下さる人がいたなら、ものすごい力を出せるものです。たったひとりでも、自分を信じて下さる人がいるだけで、人は生きていけるものです。たったひとりの人が、自分を信じてくれないというだけで、簡単に心が折れてしまうことさえあります』

## 無責任こそ最大の責任

『北海道に小樽という町があります。

昔、そこに小林多喜二《たきじ》という作家がいました。

母ひとり、子ひとり、二人だけの家族でした。

多喜二が東京へ出て行った後も、お母さんは小樽で貧しくも懸命に暮らしていました。

彼は『蟹工船』というプロレタリア小説を書いたのですが、当時の日本において、内容が思想的に危ないとのことで逮捕され、東京の築地署に留置されます。

留置された多喜二は、朝六時から夜九時まで、毎日冷たい水で雑巾を絞り、廊下の端から端まで拭き続ける拷問を受けていました。

疲れてへたり込むと木刀が飛んできます。

夜は夜で、疲れて眠ろうとすると、取調べだといってまた拷問されます。

昼も夜も殴られ、蹴られ、叩かれるのです。

一分一秒と容赦なく責め続けられ、休まる暇がありません。

そんな中で心ある警官がいたんですね。

毎日見ていて「あぁ、このままでは多喜二は死んでしまう」

そう思い、急いでお母さんにハガキを出してくれました。

「お母さん、三日後の十一時、五分しかないけれど、生きているうちに多喜二に会わせてあげるよ」

その手紙を手にしたお母さんはこう叫んだそうです。

「五分なんかいらない。生きているうちに多喜二に会えるなら、一秒でもいい」

しかし、お母さんは貧しかったため、小樽から東京までの汽車賃がありませんでした。

当時は蒸気機関車です。

今すぐにでも飛び乗って東京へ向かわないと約束の日に着けないのです。

近所を駆けずり回ります。

「すみません、お金を貸してください」

「いくらでもいいので貸して下さい」

「東京に行かなくてはいけないんです」

頭を下げて近所中を歩き廻ります。

心ある人というのは必ずいらっしゃるものです。

「すぐ行ってあげなさい」

「返すのはいつでもいいよ」

そういって多くの人が貧しい中からも、わずかずつのお金を貸してくれました。やっと東京までの片道分を手にしたお母さんは、小樽駅から急いで汽車に飛び乗り東京に向いました。

でも北海道の二月は雪です。

雪が深々と降ると汽車は止まってしまいます。

進めなくなるのです。

雪待ちといって、雪が止むまで駅に停車して待つしかありません。

多喜二のお母さんはホームに降りて、駅長さんに聞くんですね。

「駅長さん、この先の駅にも同じように汽車は停まっているんですか」

「ちょっと待ってね、確認するから」

電話をして聞いてくれました。

「停まっているよ」

「そうですか。じゃあ私は次の駅まで歩かせてください」

吹雪の中をホームから線路に下り、次の駅まで歩こうとします。

「おばさん、なにやっているの。危ない、戻っておいで！」

「待つわけにはいかないんです。ここで足止めをされたら息子に会えないんです。どうか止めないでください」

お母さんは次の駅まで本当に歩いていってしまいました。

それを繰り返し、繰り返し、やっと三日後の十時半に飲まず喰わずで多喜二のお母さんは築地署に着きます。

そして黙って待合室で待つんですね。

そうしたら警官があまりにも寒そうなので火鉢を持ってきてくれました。

「お母さん、これに当たりなさい」

「多喜二も火鉢に当たっているんですか」

「そんなことは規則でできない」

「そうですか……」

火鉢を隅に置いてしまうんですね。

「多喜二が寒い中で辛抱しているなら、私もいりません」

小樽から三日掛けて、やっと到着したばかりで疲れきっているにもかかわらず、
凛としていったそうです。

それでも憔悴しきっている姿に警官は心配し、

「朝の残りで悪いんだけど、僕達の食べたうどんを今温めなおしたから……、お母さんなにも食べていないいんだろう……。これ食べな」

とうどんを出してくれました。

そのうどんをじっと見て、「多喜二はこれを食べたんですか」と聴くのです。

「それも規則でダメなんだ」

「じゃあ、私も要りません」と火鉢の上へ置いてしまいました。

そして黙って十一時までの三十分を待つんです。

すると、両脇を警官に支えられ、引きずられながら多喜二はお母さんの前に連れてこられました。

警官が手を離すと、崩れるようにコンクリートの床にへたり込みます。

なんとか力を振り絞ってお母さんのいるところへ這うように、少しずつ、少しずつ寄っていき「お母さん、ごめんなさい」と多喜二は頭を下げました。

お母さんはその頭を下げている多喜二の姿に驚くんです。

見る影もなかったんです。

体はガリガリなのに右の足だけ人の胴ぐらいに腫れています。

頭は丸坊主で、顔がサッカーボールぐらいに腫れています。

どこに目が、どこに鼻が、どこに耳が……、わからないんだそうです。

あまりにも変わり果ててしまっている我が子に、

「多喜二……か、本当に多喜二なのか……?」と聞きました。

頭を下げたまま多喜二がいうんです。

「多喜二です。お母さん、多喜二です。……ごめんなさい」

「多喜二!」

お母さんは叫びました。

「多喜二!」

大声で我が子の名を呼びます。

もう涙が溢れてとまらないんだそうです。

多喜二もお母さんも泣き続けます。

たった五分しか時間はありません。

一分が過ぎ……、二分が過ぎ……、三分が過ぎ……。

警官が一人やってきて多喜二の耳を引っ張るんです。

「ほら、顔ぐらい見せてやれ」

そして警官がまたいうんです。

「ほら、母さん、あと一分だぞ。なにかいうことないのか」

お母さんは必死で叫びました。涙を振り払い叫びました。

「多喜二、多喜二、……お前はなにも悪いことはしとらん。お前の書いた文書は立派な文書だ。すばらしい小説を書いた。お母さんはそれを誇りだと思っている」

五分が終わりました。

お母さんは小樽へ、また一人寂しく帰っていきました。

その後多喜二は一度釈放されますが、再びすぐに逮捕され、その日の内に拷問により築地署で亡くなります。

多喜二は、拷問を受けている最中にこういったそうです。

「もう殴らないでください……。

もう叩くのをやめてください……。

お願いだからぶたないでください……。

叩かなくても、私は間もなく死にます……から……。

あなた方は私を地獄に落とそうと殴り続けました。

でも私は絶対に地獄になんかに行きません。

なぜなら、母が私を信じてくれました。

だから私は安心して天国へ参ります。

母だけが私を信じてくれました」

そうきっぱりいい遺し命の灯をおとしました。

たったひとりだけ、自分を信じてくれた人がいた。

それだけで多喜二は最後の最後に、自信をもって、尊厳をもって、命を終えることができたのです。

実は、多喜二のお母さんは、昔の教育しか受けていなかったため、漢字が読めませんでした。

多喜二が書いた小説は一行として読むことができませんでした。

それでも「我が子、我が息子が書いたこの小説に間違いはない」

そう信じ続けていたのです。

これが自信の源です。

信じてくれる人がいるから頑張れる。

信じてくれる人がいるからこそやり続けることができる。

この信じあう力、家族、仲間……。

信じあう者たちに対し、なぜ私達が否定的なことばをもっともらしくいわなければならないのでしょうか。

なぜ「無理だ」とか「だめだ」とか「やめたほうがいい」などという必要がありますか。

無責任でいいのです。

素晴らしい。

大丈夫。

心配ない。

なんとかなる。

誰もそのことばに責任なんか取る必要はありません。

誰もそのことばへ責任を取って欲しいなんて思いません。

いつもそばにいるよ……。

その思いが伝わるだけでいいのです。

「応援するから」

そのたったひとつのことばで、どれほどの人が勇気づけられることか。

どれだけの人が、自分の生き方に対して希望を持てるか。

今、日本では年間三万人以上の人が自殺をすると聞きました。

三万人の人たちが、自信を失い、希望の灯を消していくのです。

体が健康であり、心が健康であるために、いつも肯定的なことばを、無責任にドンドン周りに撒き続けて下さい。

損得で生きようとすると、責任が重くのしかかります。

善悪で生きれば、無責任に励ますことばがドンドン溢れてきます』

# 十二　環境管理

『時間管理、金銭管理、健康管理とお話をしてきました。
そして自己管理の四つ目、最後に環境管理についてのお話しです。
環境管理とは、自分の身の回りを整えることをいいます。
身の回りを「感動」という道具で整理整頓して下さい。
自分も仲間も、感動で溢れさせる。
感動のない営業職はお客さまに嫌われます。
トップ営業は、いつも感動を心の鞄に入れ持ち歩いています。
人は、感動したいのです。
感動で涙を流したり、感動で笑い合ったりしたいのです』

## 丁度良かったを口癖に

『今日から「丁度良かった」ということばを口癖にして下さい。

「最近売上げ悪いな」

「いや、部長、売上げが悪い位が丁度いいんですよ」


「何だ、今夜のおかずこれだけ」

「これぐらいのおかずが丁度いいのよ」


「今月お金足りないよ」

「足りないぐらいが丁度いいのよ」


「靴下穴が開いている」

「穴が開いているぐらいが丁度いいのよ」

何でも「丁度いい」なんですね。

文句をいったらきりがありません。

背が小さい……。「小さいぐらいが丁度いい」

少し太った……。「太ったくらいが丁度いい」と』

## 知足安分《ちそくあんぶん》（たるをしりぶんにやすんず）

『環境管理で大切な考え方は、知足安分です。

高望みをせず、自分の境遇に満足することを説いた訓えで、「知足」とは既に足りていることを知り、「安分」とは自分の境遇や今の身分に満足することです。

つまり、いつも「丁度良い」状態だということです。

ただ、これではお坊さんみたいな生活を想像してしまいます。

営業職で捉えるなら……、

私たちは既に、楽しいことも、嬉しいことも、
苦しいことも、悲しいことも、
物も、心も、
仲間も、人脈も、友も、家族も、
自然も、感情も、
すべて自分に必要なものは与えられている。
足りないものはなにひとつない。
必要になれば必ず身につくものだ。
辛いことや、苦が訪れるのも、その経験が今必要だから。
望みが叶わないのは、まだそのときではないから。
しかし、既にすべては手に入っている。
そのことを知り、今に感謝すること。

これが私たちの基本的な考え方です。
茶道で千利休が伝え残したことですが、茶道は様々な訓えを私たちに与えて下

さっています。

ものは、それを生かす人の下《もと》にしか集まりません。人も、その人を生かす人の下に集まります。

自分に与えられないものがあるということは、それを生かす実力が身についていないということです。つまり、今が丁度良いのですね』

## 良かった探し

『足るを知ったならば、私たちはつぎに、出会う人、ご縁を頂いた人に対し、常にその人の良い部分だけを瞬時に発見することを身に付けなければいけません。

それは「良かった探し」という技術です。

日本人は、欠点、短所、不快、を感じる技術に優れています。

ですから礼儀という技術が発達したわけですが、それを上回る感性で、相手の良い部分だけを見てあげる人間力を持って下さい。

良かった探しをしようとすると、服装やアクセサリーに目がいってしまい、ネクタイを褒めたり、メガネを褒めたり、女性のネックレスや髪形を褒める人がいますが、それではダメです。

褒めるならば、その人の表情や、その人が醸し出す雰囲気を褒めるべきです。

「なにか嬉しいことがあったのですか」

「えっ、どうして」

「とても、素敵な笑顔でいらっしゃるから」

こういわれて嫌な気になる人はいません。

「やはりスゴイですね」

「なにがですか」

「そばにいらっしゃると、周りの空気が凛とします」

「えっ、そうですか」

「はい、とても居心地がいいんです」

その人のキャラクターを見抜くのです。

面白い人、愉快な人、落ち着いている人、清潔感溢れる人、元気な人、とキャラクターを見抜き、良かった探しをするわけです。

そしてその「良かった」を口にすることで、自分の脳へも、その人が好きだ、とインプットされますから、その後のお付き合いがとてもスムーズになっていきます。

欠点や短所を見てしまうと、嫌いな人として記憶され、会うのが億劫になってしまうのです。

環境管理は、自分の周りにいる人たちを大好きな人たちで溢れさせてしまうことなのです』

## ワンダフル・スピーカー

『ことばに出すというのはとても大切な作業です。

思うだけでなく、声にして発すると、自分だけでなく人にも大きく影響を与え始めます。

私たちは営業職ですから、アウトプットし続ける職業ともいえます。

常に人になにかを伝えている。

上手に伝える必要なんてありません。

伝えるべきことが、きちんと伝わればそれでいいのです。

なにを伝えなければいけないのか……。

それは「感動」なんです。

感動を伝えることが営業の使命です。

最大の役割なのです。

いつもワクワク感を持ち、肯定的な表現を使い、優しさに溢れた自分でいることを、それをワンダフル・スピーカーといいます。

「優しい褒めことばというのは、夜明けの星の奏でる音楽のように人の記憶にいつまでも残って心の糧となる」

これは、「人を動かす」という名著を残したデール・カーネギーのことばです。

その著書の中にこのような挿話が紹介されています。

昔、アメリカのコロラド州にスティーブ・モリスという少年がいました。

彼は眼が見えませんでした。

ある日、彼が通う小学校で実験用に飼っていた二十日鼠が逃げてしまい大騒ぎになります。

「大変だ、ネズミが逃げた」

すると先生がいうんです。

「みんな騒がないで。スティーブだけを残し、そっと教室から出て」

なぜ、スティーブだけを残すのか、クラスメイトは疑問に思います。

「スティーブ、お願い、逃げたネズミを探して」

先生はいいました。

「えっ?」

クラスメイトは再び騒ぎ出します。

「どうやって、眼の見えない彼にネズミを探させるの」

先生はそのときいうんです。

「みんな聞いて。確かにスティーブは目が見えない。でもあなた達は知らないだけ。

スティーブはあなた達の何十倍もの優れた耳を持っています。

その聴力を持ってすれば、眼が見える私たちより、いとも簡単にスティーブはネズミを探し出してしまうわ」

クラスメイトは口々に不平をつぶやき合いながら教室を出て行きました。

しばらくして、叫び声が上がります。

「見つけた！」

スティーブが教室の中から大声で叫んだのです。

「ネズミを捕まえたよ！」

本当に聴力だけで逃げた二十日鼠を見つけ出したのです。

それから十数年後、彼は世界的なアーティストとして世にデビューします。

小学生だったスティーブ・モリスは「スティービー・ワンダー」という名でデビューしたのです。

彼はあるとき、雑誌社のインタビューでこう聞かれます。

「なぜ音楽の道に入ったのですか」と。

それに対してこう答えるのです。

「僕は小学校のとき、自分はハンディキャップを持っているからといって自信がなかった。

生きる自信すら失いかけていた。

でもそのときに、僕の耳は普通の人の何十倍もすごいということを教えてくれた人がいたんだ。

聴力という宝物を持っていると。

小学校のとき、先生がそれを教えてくれた。

その先生のことばが僕に生きる自信を与えてくれたんだ」

スティービー・ワンダーになった彼は、世界中の人に愛される音楽を生み出し、みごとに自分の人生を創り上げました。

スティーブにとって、小学校時代の先生のことばは、そのまま、夜明けの星の奏でる音楽のようにいつまでも記憶に残り、心の糧となったのです』

## 少し損をして生きる

『では、どのようにして私たちはお客さまに、日々感動を提供し続ければよいのか……。環境管理において、大切な最後の実践は、少し損をして生きる練習です。例えば家の冷蔵庫に古い牛乳と新しい牛乳が入っていたなら、どちらから飲まれますか。

ちょっと、会場の皆様に聞いてみましょうか』

そういってカミヤは会場を見回し、マイクを通してこういった。

「小笠原さん、あなたならどちらから飲みます」

早田は驚いた。

なぜ、ステージにいる男性は、自分の横にいる小笠原の名を知っているのか。

しかし、当の小笠原は、それにはまったく驚いた様子を見せず、落ち着いて答えていた。

「古いほうから飲みます」

ステージの上で、カミヤは、軽く微笑むと、小さくうなずいた。

小笠原にとってこの問い掛けは、とても懐かしい問い掛けだった。

懐かしい声だった。

夢にまで見た紙谷との再会だった。

「なぜ、古いほうから飲まれるのですか」

再びカミヤは小笠原にたずねた。

「いたんでしまうと捨てることになるからです」

「なるほど、捨ててしまうのは確かに勿体ないですよね」

小笠原は十年前の早朝レクチャーを思い出していた。あの頃と同じだ。紙谷さんはなにも変わっていない、と。

「では、お店に牛乳を買いに行きました。古いのと新しいのとどちらを買います」

「新しいのを買います」

「なぜ」

「お金を払って買うのですから、新しくないと……」

「そう、新しいのを買わないと勿体ない……ということですね」

「はい」

「どちらも、勿体ないから……。……小笠原さん、ありがとう」

カミヤは会場全体に目線を戻し講演を再開した。

『家の冷蔵庫に牛乳があったら、誰しも古いほうから飲まれるわけです。それはお金を払って買ったものだから捨てるのは勿体ないから。

そして、お店の売り場で牛乳を買うときは新しいものを買います。

これも、どうせ買うのだから（お金を払うのだから）勿体ないわけです。

どうせ買うならいいものを買おう。

どうせ買うなら新しいものを買おう。

でも、今日からは、ぜひお店に行ったら古いものから買って下さい。

せっかく作ってくださった、大切な食べ物を捨ててしまうことの無いように』

また会場内がざわめいた。

そんなことできない、と誰かがつぶやく声が早田の耳に届く。

『私たちが引き受けるのです。少し損をした生き方の実践者として』

今までにない、強くハッキリとした声でカミヤはいった。

『たまたま、私たちは営業という素晴らしい職を得ています。普通の方たちが人生において出会うべき「ご縁」の数の三十倍を人生で与えられています。

こんなにツイている、こんなに運がいい、こんなに楽しい毎日を頂いていながら、それくらいの損を引き受けなければ罰が当たります。

新しいものは、他のお客さまに廻してあげる。

パンでも古いのがあったら、賞味期限が過ぎて廃棄されるような勿体ないことになる前に、私たち営業職の者が引き受ける。

それが私たちの唯一ストイックに考えなければならない生き方です。

そういうことを私たちが進んで行なうことで、少しでも自分たちが暮らす町を豊かにするよう心掛けることが、お客さまの幸せに繋がります。

私たちトップ営業は、神様に選ばれたのです。

選ばれた以上、責任を果たす義務があります。

自分が進んで損を引き受けるという義務。

せめてこれくらいの徳を積んでいかなければ、ツキも運も逃げていってしまいます。

日曜日のスーパーなんかに行くと、駐車場が混みあっていますね。

特に入口付近の駐車スペースは異常に混むものです。

私たちは幸運にも元気な身体で生まれた健常者です。

であれば、入口のそばはハンディキャップをお持ちの方やお年寄りの方のために、いつでも空けておくくらいの氣構えがあって良いはずです。

私たちのように元氣な人は少し遠くに車を停めるようにして下さい。

休日のレジは混み合います。

無意識で空いているレジはないかなと探してしまいます。

しかし、空いている列には並ばず、敢えて混んでいる列に並んで下さい。

いつも健常者は後でいいのです。

お年寄りやハンディ・キャップのある人たちが、安心して暮らせるように無意識で優先する仕組みを心掛けるのです。

そういうことに氣づいた日から、氣づいた人から実践して下さい。

特にお年寄りの方がレジに並んでいたなら、そのお年寄りの後ろに立ってあげるのです。

心無い人がその方の後ろに立って「早くしろ」なんて急かすことのないように、私たちが後ろに立ちガードしてあげて下さい。

「ゆっくりでいいよ」と。

いずれ私たちも行く道なのです。

たまたま、まだ自分達がその順番になっていないだけなのです。

そういう気持ちを常に持っておく。

そういう気持ちを普段から作り上げておく。

これが少し損をして生きる、という環境管理です。

悪い世の中、善い世の中、なんてありません。

悪い人、善い人がいるだけです。

しかし、悪い人、善い人もいません。つきつめると、悪いことをする人、善いことをする人なんです。
私たちは善いことをする人でいなければいけません。
そして善い世の中を営業職の私たちが創っていきましょう。
なぜなら、それが営業職だからです』

# 十三　営業から永業へ

『最後のお話をする時間になりました。

自分の能力、自分の時間、自分のお金というのは、本当に自分のものでしょうか？

私達が自分の能力だと信じていること、自分の時間だと思っていること、自分のポケットの中にあるお金……。

まず、自分の能力ですが……

この能力というものは、授かり物なのです。

自分が頑張って勉強し、コツコツと努力を続けた結果、今の能力を身に付けた……？

とんでもない間違いです。大間違いです。

たまたま親が授けて下さったものでしかありません。

そこに感謝しなければならないのです。

ですから自分の才能や能力に溺れることなく、もっと、もっと、深い感謝の中でそれを伸ばさなければいけません。

その感謝を忘れ、自分の欲のためだけに生きてしまうことは、自分自身の破滅を招くだけです。

自分にはどのような能力があるのか……

自分ではなかなか氣づかないものです。

人からの思いもよらないアドバイスで氣づかせてくれます。

「あなたってこういうところがすごい」

「あなたってこんなことができるのね」

そう人にいわれ初めて自分の能力に氣づくのです。

自分では当たり前だと思っていたこと、誰にでもできると信じて疑わなかったこと、普通にできてしまうことなど、そんな様々なことが、実は自分にしかない特殊な能力だと。

考えてみてください。

そのような特別なことが、自分の努力だけで身につくのだとしたなら、それは奇跡以外のなにものでもない。

もって生まれた資質が備わっていたから努力できたのです。資質があったからこそ伸ばせたのです。

努力できたもの、頑張れたもの、それを思い出してみてください。

それこそまさに、親から授けられた素晴らしい能力なのです。

ですからその授かったものを、どんどん、どんどん、人のために使って下さい。

能力を人様のために活用しないことは、人生最大の親不孝です。

自分のことばかり考えている人……そんな人を親不孝というのです。

授かった能力を人のために使い、活かし、役立てる。それを心掛けて下さい。

では、自分の時間、というものはどうなのか？

「自分の時間を使って、そこまではできない」

「そんなことまで自分がするのか」

「忙しい……」

私たちは、こんなことをいったり聞いたりします。

忙しいという字は立心偏に亡くなると書きます。

立心偏は心を表す意です。つまり心が亡くなるわけです。

忙しい忙しいといっている人は、心がどんどん死んでいきます。

時間というものは、三万日の命として与えられたものです。

自分で創ったものではありません。

なんの為に与えられた命なのかは時間管理でお話ししました。

ですから、時間というものも、どんどん、どんどん、人のために使わなければいけないのです。

自分の時間を使って本を読んでいる人は、読んだ矢先から内容を忘れていきます。

自分の名声を得るためだけに時間を使っている人は、必ず失態を犯し表舞台から去っていきます。

自分の富を得るために時間を使っている人は、家族まで巻き込んだ不幸に出会います。

今日から誰かのために本を読んで下さい。

誰かの幸せのために時間を費やしてください。

人のために本を読む習慣のある人は、読んでいることすべてが身になり骨になります。読んだ内容を忘れないのです。

読みながら、この部分はあの人に教えてあげよう、このページはあの人に見せてあげよう、このことばであの人を元氣づけてあげよう、と常に伝える誰かをイメージしながら読むと、内容を忘れている暇がありません。

お客さまのことを考えて新聞を読む人は、

「この記事は朝一でファックスしてあげなければ」

「この部分はすぐ知らせてあげなければ」

自分の時間を使って学ぼうとしているから、本も新聞も映画もテレビも一晩で忘れてしまうのです。

与えられた時間で人の為になにかを学ぶ人は、時間を最大限に活用していることになるのです。

あなたの周りにいませんか?

たくさん勉強し、知識も智慧も豊富に持っていながら、冷めた眼で世間を見ている人が……。

読書家なのに、無知である人を馬鹿にしたり、見下したりしている人が……。

自分のために時間を使っていると、周りの人がみんな馬鹿に見えてしまうのです。それが孤独を呼んでいることに氣がつかずに。

すべての時間は、与えられた命の長さです。

自分のために使うのか、人のために使うのか、決めるのはあなた自身です。

お金は、世間様から預けられたものです。

売上げの良い会社、売上げの良い営業職、これらは世間様から信頼されている証しです。

頼むよ、あなたに任せるよ、と信頼されるから、大切なお金を預けて下さるのです。

信頼されない会社は売上げが伸びません。

不安で預けられないのです。

心配で任せられないのです。

信頼されない営業職にも契約は頼みません。

売上げは信頼のバロメーターです。

自分で稼いだのではなく、信頼して預けて下さっただけなのです。

お金は小さな富、信用は大きな富、といいます。

一度や二度の失敗をものともせず再び立ち上がる人は、この、お金の法則を知っている人です。

利よりも信を大切にしてきたからこそ、人に騙され奈落の底に落ちたとしても世間様が助けて下さる。

あなたに預けるから、もう一度頑張りなさいと。

世間様はいつも見ています。

そして、世間という眼を通して神さまが見ています。

なにを見ているのか？

使い方です。その人のお金の使い方をジッと見ています。

稼ぎ方ではなく……。

自分のためにお金を稼ぐ人は、必ず自分のために使います。

悪銭身につかずといいますが、悪銭とは悪いことをして稼ぐお金のことで、なにが悪いことかという、自分のために稼ぐお金のことをいいます。

自分さえ良ければ、人はどうなってもいいという価値観のことです。

泥棒や強盗は、この典型的な例です。

売上げも給料もお小遣いも、預けられているだけです。自分のポケットの中にあっても、たまたま預かっただけです。

自分のお金ではないのだと思えば、大切にしなければいけません。

その中から少しだけ使っていいよって優しくいってもらえただけです。

なにに使いますか?

少しだけ使っていい、そういわれたなら、なにに使いますか?

よくプレゼントをする人がいます。その人の周りには多くの友がいます。

よく募金する人がいます。その人の毎日には笑顔が絶えません。

よく食事をご馳走する人がいます。その人は一流の料理人から尊敬を得ています。

二〇一〇年の年末に、前橋市の児童相談所にランドセル十個が届けられました。施設で暮らす子供たちの為に、伊達直人という昔のアニメの主人公名で寄付した人がいたのです。

私たちは大きな感動に包まれました。

その後、全国各地で志を同じくする伊達直人が次々に現れました。

新庄市、四日市市、姫路市、鳥取市、長崎市などで……。

預けられたお金を、少しだけ人のために使ってみてください。

その瞬間から、あなたの人生に奇跡が起こります。

世の中に還元する。それがお金というものです。

それを自分のお金だと思いこみ、間違った使い方をした瞬間から、成績というのは落ち、会社の業績は悪くなっていきます。

預けられたお金をいかに還元していくか。

預けられたお金を以ってなにを貫くか。

どんなに能力が高くても、無人島でひとり暮らしであったら……

どんなに時間があっても、友達のひとりもいない毎日だったら……

どんなにお金があっても、誰も尊敬してくれなかったら……

すべて、自分以外の誰かがそばにいてくれてこそ、豊かな人生を創れるのです。

すべては人と人とが交わることで、人生に色がつき、形を成していきます。

人です。すべて人なのです。人の中に身を置いているから人生は楽しいのです。

かつての日本人は、教育の場でこの考えを教わっていました。

現代では「恩返し」ということばで伝わっています。

江戸時代「恩送り」といいました。

恩返しより、恩送りのほうが正しいのかもしれません。なぜなら、恩は返せるものではないからです。

恩を掛けて下さった方というのは、年齢も経験も人生も、私たちより上の方が多いものです。

その方に恩はなかなか返せないものです。ストレートにいうなら、恩は返せません。

ですから、掛けて頂いた恩は、次の人へ、次の人へ、と順に贈っていくことを恩送りといいました。

「受けた恩は石に刻み、掛けた恩は水に流せ」ということばがあります。

恩返しを期待して、恩を掛けて下さる人なんていません。掛けた恩は、さらっと忘れ去るのが一番です。しかし、受けた側はしっかりと石に刻んで忘れてはいけない。そして、それを次の人に渡すのです。

自分が辛いとき、苦しいとき、助けて下さった人がいたことに感謝して、次の世代の人を助けてあげるのです。

損得よりも善悪で行動してください。

成功より成長を目指してください。

営業職の誇りは、そこにあるのです。

損だからやらない、得だからやる、のではなく、善いことだからやり、悪いことだからやらない、と考えることです。

徳を積むことを積善《せきぜん》といいます。

そして過ちを改めることを改過《かいか》といいます。

過ちを恥じることはありません。

失敗だらけ、間違いだらけでもいいのです。

恥ずかしい人生でもいいのです。

改めれば。

今日から、今から、この瞬間から改過し、そして善を積んでいく。

この繰り返し……、これが、私達が営業職で生きていく中で大切なことです。

自分だけの利を求める人生から、他人《ひと》へ利を与える人生。

私たちは、生まれて、生きて、死ぬ、という人生の三原則の中で、残すことができるものがひとつあります。

人を残す……

名を残す……

お金を残す……

この、どれかひとつです。

永くも短い一生を賭けて残せるのは、ただひとつです。

四十才前後で封書は開かれます。

その中に書かれていることが、私たちの存在理由であり、この三つの中のひとつが記されています。

お金を残す使命を担った人は、世の為に還元してください。

名を残す使命を担った人は、世の為に偉業を遺してください。

人を残す使命を担った人は、次世代を育ててください』

# 十四　心が技術を越えない限り技術は生かされない

『それでは、最後にもう一度、皆様に質問させていただきます。

**あなたは何を売っていらっしゃいますか？**
**お客さまは何を買って下さっていますか？**
**あなたが売っているものとお客さまが買っているものは同じですか？**
**あなたは何屋さんですか？**
**あなたのお客さまは誰ですか？**
**お客さまにとって本当に価値のあるものは何ですか？**
**お客さまは何にお金を払って下さっていますか？**
**お客さまから見てあなたは誰ですか？**
**なぜあなたは営業という生き方を選んだのですか？**

最初にこの九つの質問をさせていただきました。

そのとき、どのようなお答えを導き出されたでしょう？

そして、今は、どのように感じて下さっているでしょうか？

私たちはなにかをするために、なにかを成す為に命を与えられました。

お客さまに対してなにをしてあげられるのか？

なぜ営業職という生き方を選ばれたのか？

ずっと問い続けてください。

自分が自分の部下であったならば、毎日一所懸命になれるだろうか？

自分が自分の上司であったならば、毎日信頼に値するだろうか？

……日々問い続けて下さい。

もっと人間力を高めていかなければ……、もっと勉強しなければ……、もっと成長しなければ……と志を立ててください。

技術で数字を伸ばせるという嘘に翻弄され、自分磨きを忘れ技術に走り、多くの営業職の人たちは結局この世界を去りました。

もちろん技術は必要です。

包丁を使えない料理人がお刺身を盛ることができないように。

しかし、技術だけでトップ営業には絶対になれません。

もう皆さんは知っているはずです。

営業にテクニックやスキルなんていらないということを。

技術に走る営業職は、景気の良いときは数字が伸びます。しかし、不景気では手も足も出なくなります。

世間の好不況に左右されてしまうのです。

でも、人と人との繋がりで仕事をしている人は、好景気や不景気に全く左右されず数字を伸ばし続けるものです。

当たり前のことを、ただ、当たり前に繰り返しているだけなのです。

心が技術を越えない限り、技術は生かされません。

営業職というのは、真っ暗闇の中に、ひとりぽつんと立っているようなものです。右を見ても左を見ても、上を見ても下を向いても真っ暗です。

でも、その暗闇の中にひとつの小さな光が必ずあります。

真剣に目を凝らさなければ見つけられない、小さな、小さな、光です。

線香程度のわずかな光。

目を逸らしてはダメです。すぐに見失ってしまいます。

その光こそが自分の志であり、その光こそが自分の目指すもの……、その光こそが自分を導いてくれるもの……です。

ですからいつも目を凝らし、いつも本気になって、その光をじっと捉えていて下さい。

そしてその線香ほどしかない光に向かって、ただ一途にコツコツと歩き続けるのです。一歩、一歩、その光に向かって。

何年かかるのか、何十年かかるのか……。

だけど、その小さな光に向かって自分が真剣に歩き続けたとき、その光が、どんどん、どんどん、大きくなっていくことに氣づきます。

手を伸ばせば届く距離まで来たときには、太陽の如く、大きく、眩しく、偉大に、煌煌《こうこう》と輝いていることを知るのです。

人というのは、たとえどんな暗闇の中であろうと、本気になり、真剣になり、目を凝らしさえすれば、いつだって、その小さな光を探し出すことができます。

私たち営業職は、決してこの光を見失うことなく、いつまでも歩き続けなければならない職業です。

その光こそ「希望」という名の光なのです。

希望は漲《みなぎ》る力となり、力はいつも勇気を集め、勇気は美しい輝きを放ちます。

この光こそ、神さまが与えてくれた唯一の道標なのです。

営業は素晴らしい職業です。

私は自分が営業職であることが誇りです。

数多くのご縁を頂き、多くの方たちと出会え、人生の中において、素晴らしい仲間たちに囲まれる、こんな職業が他にあるでしょうか。

この職業を通して、私たちは色々な氣づき、色々な学び、色々な試練、色々な逆境を経験でき、それを、ひとつ、ひとつ、乗り越え新しい一歩を踏み出し続けられる喜びを得ます。

テクニックだとか、技術だとか、そういうレベルで営業職を捉えることなく、ひとりの人間として、ただ一途にお客さまを愛して下さい。

本日、皆様と出会えたことに心から感謝申し上げます』

拍手が沸きあがった。

鳴りやまない拍手が、次から次へと沸いてくる。

気がつくと早田は立ち上がっていた。周りの人たちも立ち上がって拍手を送り続けている。

小笠原は深く椅子に身を沈め、ハンカチで目頭を拭っていた。

# 十五　再会

鳴りやまない拍手の中で、カミヤは観客へ再び大きくお辞儀をした。顔を上げたとき、会場内の照明が一斉に点灯され眩しい光で客席が包まれた。

カミヤが一点を見つめている。

視線の先は小笠原だった。

小笠原も見つめ返している。

ほんの一瞬、二人は視線を交わし合った。

小笠原が小さく頷く。それを確認したかのようにニコッと微笑むと、カミヤは緞帳《どんちょう》の奥へと消えていった。

「行きましょうか、早田さん」

「あっ、はい」

出口へ向かう人の群へ小笠原は歩みを進める。その後を追うように早田も続いた。

「小笠原さん、お知り合いなんですか？」

背中に向かって問い掛けた。

小さく頷きはするが早田へ顔を向けてはこなかった。その仕草に、拒絶というほどではないにしても、これ以上触れてはいけないような気配が伝わり、もうなにも質問はできなかった。

背中に熱気を残す人々の流れに身を任せながら二人は外へ出た。

晴れた春の日差しが傾き始め長い影をつくる。

小笠原は、信号が変わるのを待ちながら早田へ顔を向けた。

「まだ時間ありますか」

悲しげな顔で問い掛けられ、早田は思わず「はい」と返事していた。

「少しだけ付き合って下さい」

「かまいませんが……」

信号が青に変わる。

中野通りを肩を並べて歩いた。人の群れは右手にある中野駅へと向かっていく。

しかし、小笠原は左へ進んだ。

それに早田は無言で続く。

しばらく歩き、さっきまで二人で居た喫茶店への階段を小笠原は昇り始めた。

早田はその背中を見つめながら従うしかなかった。

二時間前に座っていた窓際の席が、二人を待っていたかのようにポツンと空いている。

小笠原は座るなり目を閉じ腕組みをしてしまった。

仕方なく早田も向かいに座りメニューを眺めた。

「私の横に並んで座っていただいてもいいでしょうか」

「えっ」

「すみません……、こちらに来て座っていただきたいんです」

小笠原の申し出に早田は腰を上げ、隣に座った。

「どうしたんですか……?」

「多分、後から人が来るはずなんです。その人の座る場所を空けておきたいんです」

「もしかして、さっきのカミヤさん……」

早田は確信をもって尋ねていた。

「師匠なんです……」

「誰がですか？」

「紙谷さんです」

「えっ？」

「この場所で、私が営業の魔法を教わったのは、紙谷さんなんです」

「さっきステージにいたカミヤさん……がですか？」

「はい」

驚いた。

「知っていたんですか、お師匠さんの講演だって？」

「いいえ」

「でも、お師匠さんなんですよね」

「まったく知りませんでした。正直、驚いています」

「連絡を取り合ってはいなかった……？」

「はい」

「どうして……？」

小笠原は、自分の心を整理するかのように早田に十年前のことを説明し始めた。

「私が、営業を諦めようとしていた頃に紙谷さんと出会ったことはいいましたよね」

「ええ」

「この場所で、毎週一回、早朝にレクチャーを受けていました。十一週間連続で。その間は夢のような時間でした。誰よりも私のことを理解してくれる人に出会ったんです……。レクチャーを受け、実際に数字に結びついたときは、本当に魔法を教わったと感動したんです。十一回のレクチャーが終わり、翌週で最後というとき、紙谷さんは十二個目の魔法を私に教えることなく忽然と姿を消してしまいました」

「えっ、なぜ？」

「そのときは分かりませんでした。次の週に、私はここでずっと紙谷さんが現れるのを待っていたんです。でも、とうとう紙谷さんが来ることはなかった……。

もしかしたら自分の勘違いで、日程を間違えたのかもしれないと思い、毎日のように朝起きしてはここに来ました。でも、とうとう会えずに季節だけが過ぎていったんです」

「きっとなにか事情があったんでしょうね……」

「その通りです」

ことばを切って小笠原は窓の外へ目を向けた。

「こうやって中野サンプラザを見つめ続けながら、自分はなにか失礼なことをしたのか、自分は紙谷さんを怒らせてしまったのでは……、期待に添えなくて呆れ返ってしまったのかも、と色々な思いを巡らせました。でも、答えが見つからないんです。仕舞には、裏切られた、なんて自分勝手に考えてしまっていました」

ウエイターが注文を取りに来た。昼間とは違う顔の学生風アルバイトに変わっていた。

飲み物などどうでもよかった。しかし、なにも頼まずに喫茶店で過ごすわけにはいかない……。ホットコーヒーを二人は頼んでいだ。

「半年が過ぎ、街中にクリスマスソングが流れ、もうすぐ今年も終わるのかなという頃、紙谷さんから手紙が届いたんです」

少しだけ煮詰まった香りのするコーヒーをテーブルの上に置き、ウエイターは去って行った。二人とも、それに手は伸ばさず話を続けていた。

「娘さんが病気だったんです」

「カミヤさんの？」

「はい……。その頃、奥さんのご両親がハワイに住んでいて、病気に対する医療事情などを考慮し、娘さんと奥さんをご両親の元へ送り届け紙谷さんは日本で仕事を続けていたんです。

　僕はなにも知らず……、ただ、ただ……、紙谷さんに甘え、このままずっと自分を支え続けてくれるものだと勝手に思い込んでいました……。早田さん、なぜ月にウサギがいるかご存知ですか？」

「えっ？」

　突然話題が変わった。

　小笠原はなにかを思い出すかのように一度目を閉じ、そして再び目を開くと話を続けた。

「昔、お月さんに神さまがいたんです。あるとき、地上に降りてくると汚れたお年寄りの恰好で道端に寝転んでいました。

　そこにキツネが現れてこう聞くんです。爺さんどうした？　って。神さまは、悪戯心が働きキツネを試してみたくなるんですね。

腹が減って動けないんだ。なにか食べるものはないか、と。

キツネは、なんだそんなことか。よし分かった。すぐになにかを持ってきてやる。そういい残し去って行きました。

次にサルが現れ、同じ質問をするのでサルにも同じく答えました。

そうしたらサルも食べ物を探しに去って行ったそうです。

しばらくするとウサギもやってきたので、ウサギにも同じことをいうとウサギも去って行きました。

寝転がって待っていると、キツネが魚を咥えて戻ってきたそうです。

サルも木の実を持ってきてくれました。

だけど、ウサギだけは待てども暮らせども帰ってきません。

きっとどこかで遊び呆けているんだろう、と神さまは思ったそうです。陽も傾き、夕暮れが迫っていました。

見た目は可愛いけど、心根の駄目なやつだと神さまがあきらめかけたとき、とぼとぼウサギが帰ってきました。

でも……手にはなにも持っていません。

やっぱり遊んでいたんだな……。

神さまはそう見立てて、ウサギに意地悪く聞いたそうです。

食べ物は？　と。

ウサギは目を真っ赤にし悲しそうな顔でこういうんです。

お爺ちゃん、枯れ枝を集めてくれませんか？

どうするんだ、そんなものを集めて。

とにかくお願いします。そして山のように積み上げてください。

神さまはわけも分からないまま、取り敢えずいわれるがまま用意しました。

するとウサギは、それに火をつけてくれといいます。

神さまは神通力を使って火をつけます。

パチパチと音を立てて枯れ枝が燃え始めました。メラメラと火に勢いがつき、しまいにはゴーゴーと音を立てて激しく燃え出しました。

そのときです……。

ウサギはその火の中へ突然ピョンっと飛び込んだんです。

あっ、と神さまは叫びました。

なにをするんだ！

ウサギが炎に包まれながら呼びます。

お爺ちゃん……、って。

早く出なさい！

神さまは慌てて声を荒げます。

お爺ちゃん、僕を食べて。

激しく燃える炎の中で、ウサギはそういったそうです。

ぼく、一所懸命探したんだよ。どこかにお爺ちゃんの食べられそうなものはないかって。でも、みつけられなかったんだ……。ごめんね、お爺ちゃん。

だからぼくを食べて元気になってください。

神さまは愕然とします。

なんてことだ……。

自分の悪戯心でこんなにも純粋な生き物の命を奪ってしまう……。

炎の中に両手を差し延べます。

燃え盛る炎の中に躊躇うことなく神さまは両手をすうっと入れ、ウサギを優しく抱き上げるんです……。

すまんかった、すまんかった。わしが悪かった。許してくれな。

胸にしっかりウサギを抱きしめ、こんなに優しいものを死なすわけにはいかない。お詫びに、わしと一緒に月で暮らそう。

神さまは本当の姿に形を戻すと、ウサギを抱いたまま月に帰っていったんです」

早田は、なぜ小笠原がこんな話をするのかと考えていた。

「こんな風に私たちはいつも試されているんです。

一生懸命生きているか？　と神さまに。

色々な姿になって神さまは私たちの前に現われている。

きっと紙谷さんも、神さまが形を変えて私の前に現れたんだって思いました。

このまま甘えていちゃ、やっぱりいけないって、月に帰ったんだって。そう自分を納得させてひとりで励みました。

それからはすごい勢いで成績が伸び始め、結果として、私は社内でトップ営業の地位を手にしたんです。そんなときです、紙谷さんから手紙が届いたのは。

紙谷さんは、私を忘れずにいてくれたんです。月にいったのではなく、人として再びメッセージを贈ってくれました。

そして知ったんです。娘さんが病気だったたってことを……。

私に十一個目の魔法を教えてくれていた朝、危篤になっていたんです。

それなのに、きちんと私に魔法を伝え、その後にハワイへ向かったことが手紙に書かれていました。

私は、自分勝手に、自分の都合ばかりを優先させ、自分を支えてくれることが当たり前のようにいつしか甘え切っていました」

「お嬢さんは助かったんですよね？」

「……」

「そんな……、ダメだったんですか？」

「だけど、ぎりぎり間に合ったそうです。最後に手を握ることができたと書いてありました。

そして、その手紙に最後の魔法を綴ってくれていたんです。真のポジティブシンキングという魔法を」

早田はことばがなかった。

もし娘のアヤが病に伏していたとして、自分にそんなことができるだろうか？

二人のストーリーに早田が入り込む余地などあるはずがない。

「その後……、その後の再会はいつだったんですか？」

小笠原が冷めたコーヒーを引き寄せた。

スプーンを黒い液体の中に差し入れかき回す。いつまでも、いつまでも、やめることなくかき回し続けていた。

その手元を早田はジッと見つめていた。

何十回とかき回し続け、やっと小笠原は手を止めた。

左手でカップをおさえ、右手でスプーンを持ったままポツリという。

「今日です」

「えっ？」

「さっきの講演が……、紙谷さんとの再会でした」

「どうして……」

「何度もハワイへ会いに行こうと思いました……。

でも怖くて行けなかったんです。

紙谷さんは私に、ずっと同じ問い掛けを続けました。

この職業を通して誰を幸せにしたいのか？　と。

娘さんが死にそうだというのに、自分の都合を考えず、私のために時間を使い続けてくれました。

もし、私と出会わなければ、すぐにでも娘さんのそばに駆け付けられたはずなんです。

こんなにたくさんのご恩を頂いておきながら、そう考えると、怖くて紙谷さんに自分から会いに行く勇気を持てなかったんです。

もう一生会えないんだと思いました。

ハワイへいっても、紙谷さんは会ってくれないんじゃないかって。

もしかしたら恨まれているんじゃないか……って。そう考えると、もう、怖くて……怖くて……」

「でも、そんなに信頼し、二人の心が結ばれていたのなら……」

行くべきだったということばを早田はいえなかった。

自分には分からない心情がきっと二人にはある……そう思うと、ことばが続かなかった。

「伝え残したことがあるんです」

「……」

「紙谷さんに伝えなければならないことが」

「なんです?」

「ありがとう……って。当たり前だと思っていたことが、すべて有り得ないことの連続だった……、奇跡だったんです。紙谷さんがいなくなって初めてそのことに気がつきました。

三ヶ月もの間、毎週、毎週、なんの見返りも求めず、紙谷さんは私を導いてくれていたのに……」

階段を上がってくる靴音が二人の耳に届いた。

一歩一歩、踏みしめるように昇ってくる靴音。

気配が伝わってきた。

緊張する小笠原の気配が。

靴音が近付いてくる……そして二人の背後で止まった。
二人はほとんど同時に振り返った。
涙が流れていた。
小笠原の目から……。
涙が流れていた。
紙谷の目から……。
そして、早田の目からも涙が流れだしていた。

# 十六　エピローグ――メッセージ

あれから六年もの歳月が音を立てるような激しさで過ぎ去っていた。

六年前、結局、早田は数字を達成できず会社を去ることになった。失業保険で食いつなぎながら次の仕事を探している最中に、勤めていたゼノン販売もなくなった。メーカーの販社としての役割を終え、既存顧客へのメンテナンス部門だけが親会社に吸収され、技術者だけの保守点検事業部に変わったのだ。

早田の計り知れないところで、すでにその計画は進行していたのだろうと今は思う。

早田がゼノン販売を去るのは結局必然だったのだ。

しかし、今も早田は営業職についていた。

ゼノン販売が親会社に吸収されたとき、プロパーで叩き上げの常務は社を去り、新たな販売会社を設立した。

なぜか分からないが、その新会社から早田に連絡があったのだ。

しかも、常務直々に「うちで営業職を貫け」と。

早田はふたつ返事で「はい」と返事した。

再就職した新会社は、決して安定した環境ではなかった。六年の間に幾度も倒産の危機を迎えるほど厳しく波乱に満ちていた。

当初約束されていたメーカーからの計画的な資本提携が、円高不況の影響で反故《ほご》になり、しばらくは自転車操業的に会社経営をしなければならない状況になったからだ。

それでも、常務……（今は社長だが）のリーダーシップの下で全社営業体制を整え乗り切った。

早田は、今でもあの感動的だった紙谷と小笠原の再会のシーンを思い出す。

紙谷は小笠原に尋ねた。

「今、誰を幸せにしていますか?」と。

小笠原は涙をぬぐってこういった。

「部下たちです」と。

早田は、「お客さま」と答えるとばかり思っていた。

でも違った。

その答えに紙谷はニコッと微笑んだ。

その笑顔は、小笠原が見せる笑顔にそっくりだった。

一瞬引き込まれそうになるあの笑顔に。

そして、紙谷は云った。「ただいま」と。

二人の再会に水を差したくなかったので、早田はすぐにその場を立ち去ることにした。

すべての出来事には意味がある。無意味なことはひとつもない。善いことも悪いこともすべてひっくるめて人生なのだ、と今なら分かる。

明日を迎えない限り明日は分からないように、そのとき、そのときの出来事の意味は、その意味を為す日を迎えるまで分からない。

でも、必ず意味はあるものだ。

夜が明けたから陽が昇るのではなく、陽が昇るから夜が明けるように、意味を持つからそのときが必ず訪れる。

「早田課長、泣かないようにしてくださいね」

部下の木村が軽口を飛ばしてきた。

今日、娘のアヤが旅立つ日だった。

見送るために羽田空港へ厚子と行くことになっていた。

短大卒というハンディを背負った中で、厳しい就職活動を乗り越えハウスメーカーの営業として就職が決まった。

一ヶ月の新入社員研修を終え、山口支店へ配属される。

周りの友達は「営業職」を嫌うものが多かったらしい。でもアヤは進んでその職業を選んでくれた。

逆に営業志望だったから、何十社と落ち続ける友だちのような苦労をせず、就職活動を乗り越えられたのかもしれない。

早田は娘の就職祝いに名刺入れを買った。

その中にお祝いのメッセージを書いた名刺大のメモを入れて、今日手渡すつもりでいる。

娘へのプレゼントは子供の頃のクリスマス以来だった。

少し恥ずかしい気もするが、きっと喜んでくれるだろう。

万年筆で丁寧に文字を綴った。

君を愛している人がいることを忘れないでいて欲しい。
君は一人じゃないことを忘れないでいて欲しい。
私はいつでも君を見守っている。
この先、多くの理不尽と出会うとも、
これまで多くの理不尽に翻弄されようとも
すべての出来事は必然なんだ。
これから訪れる奇跡のための必然……。
信じる勇気を捨てないでいれば
必ず希望がいつも君を支えてくれるはず。
生きるってことは、
善いことも、
悪いことも、
全部ひっくるめて人生なんだ。
これからの君の道標のために
このメルマガを読むといい。

きっとすべてが解決されるから。


最後に、紙谷が発行している「営業の魔法メルマガ」のアドレスを書き加えた。

メッセージを書き終えたとき、なにかが心をくすぐった。

この文書をどこかで読んだ……、気がする。

今しがた自分が書いた文書なのに……。


「遅れますよ」

また、木村が笑いながら声を掛けてきた。

「大丈夫だよ、そんなに君が心配しなくても」

「でも、なんだか今にも泣きそうな顔をしてますよ、課長」

この会社へ移り、早田は活き活きと営業に励む日々となった。

失くした家は取り戻せてはいないが、人並みの生活を送れるマンション暮らしを手に入れた。

素晴らしい部下にも恵まれた。

今、早田は働くことが楽しくて仕方ない。

営業は神さまに選ばれた人だけが就ける職業です、と紙谷さんが言っていたことを思い出す。神さまはきっと、現在《いま》のレベルで人を選ぶのではなく、未来の到達点にあわせて選ぶのだろうか……。

なぜ、営業職に自分は選ばれたのか。

まだ少し照れくさいが、自分は選ばれたのだと胸を張っていえる日が来ることを信じて、営業職をこれからも続けていく決心はできていた。

「課長……本当に大丈夫ですか？　そんなにのんびりして」

磯谷が木村にかわって聞いてきた。

時計を見る。

「あっ、まずい！」

時間が迫っていた。

早田は急いで支度をし、オフィスを出た。

アヤに贈る名刺入れの中に手書きのメモを入れ忘れたまま。

そのメモはデスクの上に置かれたままだった。

部下の木村が窓を開け早田の背中に声をかける。

「泣かないで下さいよ」

背中を向けたまま早田は木村の声の方へ手を振った。

あけ放たれた窓からひと吹きの風がオフィスを駆け抜けた。そして早田のデスクの上に置き忘れられていた名刺大のメモが、その風に舞い上がり、早田の背中を追いかけるように窓の外へと流れていった。

白いメモは、まるで天使の羽のようにフワフワと空を舞っていた。

青い空に白い羽根。

とても綺麗だった。

静かに、静かに、美しく空を漂い、時折吹く風に流されながら、ゆらゆらと。

完

# おわりに

この原稿を書いている間に心の痛む出来事が起こりました。
東日本大震災です。
被災者の皆様に心からお見舞いを申し上げます。
そして、尊い命を犠牲にされた多くの皆様のご冥福を心よりお祈りいたします。

自然の力に我々は全く為す術もなく翻弄され、深い悲しみと消えることない痛みを負う中、被災地の真ん中で頑張る友人の島村信仁《のぶひと》（のぶりん）さんから電話をもらいました。（私と一字違いの名前で読み方がのぶひとさんという）
「今年、来年のための復興ではだめです。五十年後、百年後を考えて頑張らなきゃ。次の世代の人たちに僕たちの頑張りを残しましょう。彼らが僕たちを尊敬できるように」
避難所で多くの人が寒さと闘い、物資のない中で懸命に生きる友に、逆に元気づけられました。

日本アホ会の西田文郎先生からもメールが回ってきました。

男は男力、女は女力で今こそ団結して力を会わせる時だと。

そして、昼夜を問わず原発の事故を修復しようと多量の放射能が埋めつくす中で復旧作業を続ける、名もなき勇者の皆さまの献身的な行動を目の当たりにして、今書かないでいつ書くのだと奮い立ち、出張先の福岡や東京、そして、幾日もの徹夜を繰り返し、今、原稿を書き終えました。

目に見えない力の作用で地震が起こり、目に見えない力の作用で津波が起こり、目に見える結果として、いくつもの町が消え、尊い命が失われました。

この本が少しでも、復興へ向け頑張る皆さまの心の支えになることを祈ります。

五十年後、百年後の次世代のために、この本が少しでも役に立ちますようにと手を合わせます。

私にとって五冊目となるこの本は、今まで以上に、出版へ向け多くの方のご協力を頂きました。

出版までの長い月日を励まし続けて下さった出版社ＨＳの斉藤隆幸社長、執筆活動をいつも二人三脚で歩き続けて下さる斉藤和則専務に深く感謝申し上げます。

そして、パートナーとして支え続けてくれている紙谷厚子に心から感謝いたします。

最後に、朝恵、桃子、香菜子、綾花……。見たいテレビを我慢して執筆の環境づくりに協力してくれたことに感謝します。

亡き父、元気に頑張る母、私に健康を授けて下さったこと、素晴らしい人生を与えて下さったことに心から感謝します。

中村信仁

二〇一一年三月二二日

## 参考文献

『論語物語』下村湖人著（講談社学術文庫）
『今昔物語』西尾光一著（現代教養文庫）
『孔　子』渋沢栄一著・竹内均編（三笠書房）
『安岡正篤「こころ」に書き写す言葉』安岡正篤著（三笠書房）
『日本のこころの教育』境野勝悟著（致知出版社）
『繁栄の法則 ―戸が笑う―』北川八郎著（致知出版社）
『言葉のビタミン 日高晤郎名言集』日高晤郎著（中西出版）
『実践するドラッカー「思考編」』佐藤等編著（ダイヤモンド社）
『万人幸福の栞』丸山敏雄著（新世書房）

# 中村信仁

Shinji Nakamura

「人間力営業の時代」提唱者
企業家、著述家、営業プロデューサー
株式会社アイスブレイク　代表取締役
一般社団法人永業塾　代表理事
日本自分史作家育成協会　理事
ラジオ（パーソナリティー、構成作家、ディレクター）

1966（昭和41）年2月生れ。

高校卒業後、新卒で外資系出版会社ブリタニカにてフルコミッション営業に就く。入社前研修中に初オーダーという快挙（世界初）を為し、その夏のコンテストにて世界最年少（18才）で3位入賞。

19才で世界最年少マネジャーに昇進。4年間の在職中、すべてのコンテストに入賞する中、東京本社へ転勤。1988年6月、東京都中野区にて起業。大手書店とのコラボレーションによる英会話学校の立ち上げを任され関東有数の有名スクールに育て上げる。その実績において各企業の営業プロデュース、営業パーソン育成、営業トレーニングを数多く任され営業組織（マンパワー）構築プロデューサーとして関東で活躍する。1994年、地元北海道に本社を移転し、地域経済のボトムアップの担い手として北海道の若手人財育成をライフワークに活動を続ける中、国際人育成を目的に「留学のサック」設立。2005年までの10年間に述べ20,000人の若者を海外へ渡航させ道内トップの留学センターを運営。2005年5月より新卒採用プランナーとして道内企業の新卒採用の啓蒙に動きだす。2010年10月、札幌において株式会社アイスブレイク設立。全国の営業職に就く人々のプラットホームとして「人生繁盛永業塾」を主宰し15年間に渡り、札幌、郡山、東京、名古屋、伊丹、博多、熊本、宮崎、沖縄をほぼ毎月ルーティンで訪れ、年間延べ2,500人の営業人に会い「人間力営業」の研究を続けてきた。

現在、小企業から上場会社まで社外役員をつとめるかたわら、ラジオパーソナリティー、zoom講演など精力的に活動している。

中村信仁オフィシャルサイト　https://poji-poji.com/
永業塾公式サイト　https://www.eigyou-jyuku.com/
中村信仁無料メールマガジン　http://topstory.jp/c/magad/

# 【営業の神さま　営業が進化する9つの問いかけ】


初　刷 ——— 二〇一一年五月一〇日

第四刷 ——— 二〇二三年四月二五日

著　者 ——— 中村信仁

発行者 ——— 斉藤隆幸

発行所 ——— エイチエス株式会社　HS Co., LTD.



064-0822

札幌市中央区北2条西20丁目1-12佐々木ビル

phone : 011.792.7130　fax : 011.613.3700

e-mail : info@hs-prj.jp　URL : www.hs-prj.jp



印刷・製本 ——— モリモト印刷株式会社





ISBN978-4-903707-99-0